2018年度安徽省教育厅人文社科重点项目（SK2018A

苔花盛开

高校资助育人读本

刘晓宇　陆振铮　项家春◎主编

安徽师范大学出版社

·芜湖·

图书在版编目(CIP)数据

苔花盛开:高校资助育人读本 / 刘晓宇等主编 . —芜湖:安徽师范大学出版社,2019.8(2025.1重印)
ISBN 978-7-5676-4315-4

Ⅰ.①苔… Ⅱ.①刘… Ⅲ.①高等学校 – 特困生 – 学生工作 – 中国 – 问题解答 Ⅳ.①G645.5-44

中国版本图书馆 CIP 数据核字(2019)第 178453 号

TAIHUA SHENGKAI——GAOXIAO ZIZHU YUREN DUBEN

苔花盛开——高校资助育人读本　　　　刘晓宇　陆振铮　项家春◎主编

责任编辑:盛　夏
装帧设计:张　玲
出版发行:安徽师范大学出版社
　　　　　芜湖市九华南路189号安徽师范大学花津校区
网　　址:http://www.ahnupress.com/
发 行 部:0553-3883578　5910327　5910310(传真)
印　　刷:阳谷毕升印务有限公司
版　　次:2019年8月第1版
印　　次:2025年1月第2次印刷
规　　格:700 mm ×1000 mm　1/16
印　　张:13.25
字　　数:217 千字
书　　号:ISBN 978-7-5676-4315-4
定　　价:55.00 元

如发现印装质量问题,影响阅读,请与发行部联系调换。

本书编委会

序

习近平总书记在全国高校思想政治工作会议上强调，"要坚持把立德树人作为中心环节，把思想政治工作贯穿教育教学全过程，实现全程育人、全方位育人"。教育启迪人心，在助力脱贫攻坚中发挥着基础性、根本性的作用，体现了扶志、扶智的长远延伸价值。而资助育人作为一项民生工程、育人工程和助力国家脱贫攻坚的战略工程，是保障和改善民生的重要举措，体现了构建社会主义和谐社会的必然要求，更展现了党和政府的温暖关怀。习近平总书记就脱贫攻坚工作指出，"全社会要行动起来，尽锐出战，精准施策，不断夺取新胜利"。围绕"尽锐出战"的总要求，全国上下勠力同心，共赴脱贫攻坚新征程。学生资助工作泽被四方，育人无声，多少学子携手而来，踏歌而行，于语短情长处守住感动，于实践躬行处展现信念。

安徽师范大学围绕"立德树人"的根本任务，坚持"以生为本、应助尽助、资助育人"的工作理念，初步形成"学校统一领导、部门统筹指导、学院主抓落实"的工作机制，实现了高资助面、高资助额、高成才率、高满意度和零投诉、零差错、零欠费、零失学等"四高四零"的资助工作目标。作为安徽省资助育人探索试点高校，安徽师范大学初步探索形成了以一套智慧系统、"四暖相伴"工程、"四成"育人模式为主体的"144"资助育人质量体系。学校始终秉持严谨作风，在服务中展示关怀，在关怀中传递温暖。学校连续多年获省"资助工作先进单位""优秀单位案例典型"等称号。

这本《苔花盛开——高校资助育人读本》旨在帮助家庭经济困难的学生更好地树立正确的世界观、人生观，建立积极向上的人生态度、理性平和的阳光心态，掌握与人沟通交流的技巧，练就就业、创业的技能，学习践行社会主义核心价值观……本书内容充实、案例丰富、理实交融、耐读易懂。

我们希望，这样一本简明读本能够为家庭经济困难的学生点亮前行的明灯，使他们在"千磨万击"中砥砺自我，学会善待他人、善待社会，培养他们自尊、自信、自立、自强的个人品质，培养他们公平、公正、诚信、守约的道德精神，培养他们包容、尊重、团结的群体精神。

"白日不到处，青春恰自来。苔花如米小，也学牡丹开"。这本书的名称便是由此而来。苔花虽小，却能绽放出属于它的绚烂。高水平的学生资助工作一定不仅仅是为家庭经济困难的学生提供经济资助，还要为他们长远的自我成长和青春跃动提供更为广阔的平台，促进他们全面健康成长。让我们围绕这一目标共同努力！

是为序。

编委会

2019 年 8 月

目　录

第一章　我的未来不是梦　　／001

　　第一节　生而有涯,知也无涯　　／002

　　第二节　慎独省身,方识本心　　／016

　　第三节　循序渐进,学无止境　　／023

　　第四节　谋定后动,赢在职场　　／030

第二章　相遇简单相处难　　／040

　　第一节　相逢一场,你来我往　　／041

　　第二节　交往困扰,探本求源　　／049

　　第三节　尊重悦纳,和谐共处　　／055

　　第四节　摒弃自卑,自信人生　　／063

第三章　阳光总在风雨后　　／069

　　第一节　励志自强,源远流长　　／070

　　第二节　学贵有恒,人贵有志　　／076

　　第三节　志存高远,百折不挠　　／084

第四章　树高千尺不忘根　　／094

　　第一节　感恩奉献,铭记心间　　／095

　　第二节　感恩戴德,饮水思源　　／099

　　第三节　恩义不知,幸福难在　　／105

　　第四节　知恩于心,奉献于行　　／112

第五章　一撇一捺写人格　／118

第一节　知诚讲信,传承美德　／119

第二节　校园生活,诚信为伴　／125

第三节　牵手征信,扬帆远航　／134

第六章　明明白白我的心　／140

第一节　心理健康,知无不言　／141

第二节　心理常识,心口易开　／147

第三节　心理调适,自助助人　／157

第七章　燃烧我的卡路里　／166

第一节　初始创新,明晰创业　／167

第二节　点燃青春,创造未来　／175

第三节　问政问策,乘势而为　／184

第四节　大众创业,万众创新　／190

参考文献　／197

第一章　我的未来不是梦

青春，人生中一段个性张扬的印记；大学，青春中一个载满梦想的驿站。"工欲善其事，必先利其器"，青春的大学，作为人生充满希望旅程的一个新的阶段，需要我们从踏进大学校门那一刻起就精心描绘；大学的青春，作为人生职业生涯发展的崭新的起点，需要我们从开始大学生活的那一刻起就把远航的风帆扬起。

同学们好！我是安老师，当你进入大学后，面对不一样的生活、学习方式，一定是既新奇、愉悦，又迷茫、困惑。如何过好这几年的大学生活，你做好准备了吗？

《礼记·中庸》说："凡事豫则立，不豫则废。言前定则不跲，事前定则不困，行前定则不疚，道前定则不穷。"这里的"豫"，现在也写作"预"。这段话的意思就是：任何事情，事前有准备就可以成功，没有准备就要失败。说话先有准备，就不会理屈词穷站不住脚；做事先有准备，就不会遇到困难挫折；行事前先计划好，就不会发生错误后悔的事；思想上必须要有久远的准备和计划，才不会使自己走到穷途末路或水尽山穷而无法回头的困境。同理，没有大学生涯规划，人生就像断了线的风筝，飞不高也飞不远。

一个人的过去并不重要，关键是迈向下一步的方向。无数成功人士的成长经历告诉我们：一个人无论从事什么职业、做什么工作，只有通过科学的规划，并按照计划去实施，他的目标才能够实现，事业才能获得成功。人生在世，谁都想成就一番事业。然而，并非人人都能如愿以偿。问题何在？如何才能使学业、事业、人生获得成功？生涯规划能够为你提供成功的理念、技巧与方法。良好的大学生涯规划和职业规划能使人们在充分认识自己、客观分析环境的基础上，科学地确定目标，正确地选择成功路径，有效地采取措施，克服人生发展中的种种障碍，从而获得个人的成才和学业、事业、人生的成功。

怎么样，安老师的知识还算渊博吧？这些可都是我读大学时辛辛苦苦学来的呢！

那么，你的大学生活是什么样的？你有没有预先准备、做好规划呢？接下来，安老师将从"生而有涯，知也无涯""慎独省身，方识本心""循序渐进，学无止境""谋定后动，赢在职场"等几个方面向大家介绍"什么是大学生涯""如何认识自身能力""怎样做好学业规划""怎样做好职业规划"。

第一节　生而有涯，知也无涯

一、我的前途在哪里

【案例1】小明来自一所山区寄宿制高中，家长的要求和老师的管理非常严格，学校是封闭式的，学校所在的小镇甚至连一所网吧都没有。进入大学后，小明感觉很自由，再也没有父母、老师整日盯着自己学习，每天有很多自己可以安排的时间。喜欢玩网游的他除了上课，大部分时间都是在宿舍玩游戏。等到了大三，小明发现，宿舍里面经常只剩下他一个人，他发现同学们课后都在忙着复习功课、准备考研、参加实践活动等。他忽然觉得自己很失落，前途也很迷茫，他不知道自己应该怎么办。

图1-1　宿舍的游戏人生

【案例2】小王是某高校英语专业一年级学生，他来自农村中学，初中时才开始学英语，受条件限制，他的听力和口语都不理想。入学后，小王面对全英语教学感觉很吃力，且他对专业缺乏兴趣，学习没有动力，看到身边的同学都在为了学业忙碌着，小王觉得没有方向，也很焦虑，不知道接下来的大学生活应该如何度过。

【案例3】小李进入大学以来，每天都过得很充实，上课、参加班团活动、听讲座、参与学生会工作……通过努力，她大一学习成绩优异，很得师生认可，学生会工作也开展得很顺利。小李的大学生活丰富多彩，可有时候她也觉得很茫然，想到再过三年，她就要大学毕业，那她究竟是要继续深造，还是找工作，她不知何去何从。

安老师：看了上面的案例，你是否感觉很熟悉？你是否也有如下困惑？

（1）入学以来，一直感觉很迷茫，大学究竟要做什么、学什么？

（2）感觉选择太多了，想做的事太多了，不知如何取舍，谁能告诉我？

（3）我有明确的个人发展目标，也了解学校的相关情况，但感觉不知从何处下手比较好，我该怎么办？

（4）我对大学的一切都提不起兴趣，太没有意思了，我什么都不想做。

…………

进入大学后，有人对未来有自己的想法，把自己的大学生活安排得井井有条；有人对未来没有规划，走一步算一步，想着到大四时再考虑今后发展的问题；还有人对未来有些想法，却不知该如何实现。同学们之所以产生这些困惑，就是因为他们缺乏对大学生涯的规划。

小志：为什么要进行大学生涯规划呢？为什么人生每一个阶段都要规划？

安老师：大学是我们步入社会前的一个阶段，有人将其比作一个小社会，在这个社会中充满了机遇，但我们还必须清楚和明确的是，在这个社会中同样存在着挑战。大学生要学会生活自理、学会挑战自我，从而让自己变得更加有条理、更加成熟、更加优秀。我们只有始终明确自己的目标，才能更加迅捷、有效、充实地度过自己的大学生涯。而要完成这个目标，就需要我们制定一份符合自身实际情况的大学生涯规划。

前面介绍了"凡事豫则立，不豫则废。言前定则不跲，事前定则不困，行前定则不疚，道前定则不穷"这句话的意思，指出我们做任何事情，如果做好了准备和规划，就能够运筹帷幄，决胜千里；而如果不做准备，就是脚踩西瓜皮，滑到哪里是哪里。在大学时代，我们远离家乡、远离父母，来到知识的象牙塔里求学，如果没有做好应对的准备，没有详细的规划，当面临前途抉择的时候就会感到迷茫、失落、无助。

二、我的大学是什么样的

小爱：我初入大学，还不知道什么是大学，大学生活是什么样的。

安老师：大学，学名为普通高等学校，是一种功能独特的文化机构，是与社会的经济和政治机构相互关联的传承、研究、融合和创新高深学术的高等学府。大学不仅是人类文化发展到一定阶段的产物，还在长期办学实践的基础上，经过历史的积淀、自身的努力和外部环境的影响，逐步形成了一种独特的大学文化。

公元前387年，希腊哲学家柏拉图在雅典附近的阿卡德摩（Academus）建立学校，教授哲学、数学、体育，这是欧洲大学的先驱。最初的大学是指一群人（老师和学生）的联合体，最早出现在中世纪欧洲的一些地方。1088年诞生于意大利北部的博洛尼亚大学，是近代意义上的第一所大学；1810年，威廉·冯·洪堡建立的柏林大学，将研究和教学结合起来，并确立了大学自治和学术自由的原则，是现代大学的开端。

中国古代的高等学校和现代的大学存在较大差别，官办学校以培养治理政府的士人及从事文化教育的文人为主，自然科学尤为缺乏。甲午战争后，中国开始借鉴日本兴办近代学堂，创办于1895年的北洋大学（天津大学前身）是中国近代第一所大学。1912年"中华民国"成立后，中国开始效法美国的大学制度，"大学"成为正式的称呼，并延续至今。

小志：安老师，您好！我上大学之前没去过大城市，更没去过大学，高中的时候对大学有很多美好的想象："大学的老师都是知识渊博、文质彬彬的，大学的楼房、校园的风景都显得底蕴深厚……"本来以为，上大学以后自然会知道大学到底是什么样的，但真的进来以后才发现，大学老师和高中的没两样，校园除了大之外也很平常，甚至宿舍还没有高中的好，来之前没有人告诉我大学是什么样的。您能告诉我，到底什么是大学吗？

安老师：对于这个问题，以安老师在大学四年里所学的知识可回答不了，不过安老师邀请了安徽师范大学博士生导师路丙辉教授来回答这个问题，他可是全国师德标兵，中国敬业奉献好人，安徽省高等教育振兴计划"弘扬核心价值观名师工作室"项目之"丙辉工作室"首席专家哦。下面，我们就听听路老师是怎么说的。

路丙辉：关于"什么是大学"的讨论并没有什么定论，不同的体验者有不同的观点，我的意见也只是一家之言。但我想，把这些观点综合起来，应该还是有很多相同之处的。我觉得对大学的认识可能要从四个方面来理解。

一是从形式上来认识，大学就是一个很大的学校。这个"大"因为是体现在外在的形式上，所以一般一眼就能看出来。首先，校园面积大。改革开放以来，我国高等教育事业获得了长足发展，在地级以上城市一般都有几所高校，而且是放在一起规划建立大学城，成为一个地方的文化风景。其次，楼宇高、大、多。一所高校少则数千人，多则几万人，大量的教学楼和宿舍楼组成庞大的工作和学习环境。就拿我们安徽师范大学来说，在校生就有近三万人，三个校区，校园占地三千多亩，数十座教学楼，上百座宿舍楼。规模宏大的感觉可以说是扑面而来，学生一进大学，就会被这种庞大的气势所震撼。最后，在校的学生都是大人。大学生大多数都是成年人，其中的硕士生和博士生还有在40岁上下的。总结起来，大学从形式上可以简洁地归结为"三大"，即园大、楼大、人大。

二是从内容上来认识，大学学习的内容是大学问。我们首先可以从一些论述来认识大学的大学问。《大戴礼记·保傅》中说："束发而就大学，学大艺焉，履大节焉。"蔡元培先生在他的《大学教育论》中说："大学者，研究高深学问者也；大学者，囊括大典、网罗众家之学府也。"也就是说，大学里学习的内容不仅广博，而且高深。应该说，古今的论述基本相同。或者这样说，人们一般把广博而高深的知识、智慧或能力叫作大学问。很多大学生都知道"大学之道，在明明德，在亲民，在止于至善"这句话，这是"四书"中《大学》的开篇第一句话，意思是说，大学的宗旨在于弘扬光明正大的品德，在于让百姓仁爱和睦、明理向善，在于使人达到最完善的境界。

三是从对大学的理解上来说，不同的人有不同的认识。很多人以为，上大学就是为了找到好工作，当然，我们不能简单地否定上大学对于谋生的意义。对于大学价值的不同理解，将会影响人们的奋斗方向。我们可以来看看几位大学校长是怎么给大学注解的。清华大学前校长梅贻琦先生认为，"所谓大学者，非谓有大楼之谓也，有大师之谓也。"他说的是，大学并不是看大楼这样外在的东西，之所以是大学，关键是因为这里有大师。不少人抱怨说自己的学校就没有大师，所以连自己的学校也看不起，觉得自己读的不是大学。其实这是不准确的。大师也是一个相对的概念。每一所大学，都会有这所大学里被公认的大师级老师。我相信梅先生并不是单纯指那些被全世界公认或全中国公认的大师，那样的话，整个中国又有几所高校能够被称为大学呢？北大前校长许智宏先生认为，大学之"大"，不仅在于"大师""大楼"，更在于有一批"大"学生。我们不能设想一所大学没有宽敞明亮的大楼，也不能设想一所大学没有学富五车的大师，更不能设想一所大学没有一批朝气蓬勃、奋发向上的"大"学生，只有这些年轻的面孔，才是一所大学的精魂之所在……大学，因大楼而大，因大师而大，更因"大"学生而大。许先生这样的理解突出了学生的主体地位，也很有道理，事实也正是这样。

四是从大学的功能或作用上看，大学教育是以中学教育为基础的，是学校教育的高级阶段。中学教育的主要任务是向学生传授科学文化基础知识，培养和开发学生的智能。大学教育是进行某个方面的专业知识和专业技能的教育，为社会培养专业人才，教学内容具有明显的专业目的。从这一点来说，人们常常将大学教育和社会工作相联系，在大学里学习什么，将来就从事什么工作。这样理解其实不准确，这也是很多学生感到焦虑的地方，担心自己学习的专业跟社会上的工作不对口，将来不好找工作。所以，有一些同学在进入高校之后要求转专业。有的同学是因为学习的专业不喜欢，还有的同学就是为了跟社会上的工作接轨。这样的认识其实与事实不相符。

三、大学能给我们带来什么

安老师：大学是一个舞台，给人展示自我的机会；大学是一面镜子，让自己认识自己；大学是一座宝藏，等待人们去开采……那么，大学能给你带来什么，你清楚吗？

【案例4】大一新生小陈心情好的时候偶尔会去上课，只要老师不点名，反正考前突击一般都能过关；寝室乱一些也无所谓，因为"扫天下者，不在乎一屋之乱"；通宵上网，在游戏中放松自我，早上、下午睡个懒觉是最好的。

有时候小陈也特别恐慌，他时常扪心自问：上大学就是用父母的血汗钱和自我的青春年华来换取一张毕业证书吗？这样下去，我有什么能力或者资本来成就一番事业？有什么资格来谈自己的未来和对社会的贡献呢？

谁也没办法告诉小陈毕业后将会怎样，一切都是未知数。苦恼、彷徨、无助、失落的感觉时时萦绕在小陈的内心。他不知道为什么要上大学，来上大学要干什么。

安老师： 案例中的小陈之所以会被"为什么要上大学？来上大学要干什么？"所困扰，没有了上大学的快乐和奋斗的目标，是因为他对大学的功能认识不清。

大学不仅仅是客观物质的存在，更是一种文化存在和精神存在。知识及其学科是大学存在的必要基础，而发挥决定作用的是办学理念。大学的办学理念是历史积淀、发展而来的文化，它主导着大学的定位和教育的实施。这些我们也可以从各个大学的校训中得到一些启示。

哈佛大学：真理

耶鲁大学：光明与真理

华盛顿大学：通过真理取得力量

麻省理工学院：手脑并用，创造世界

清华大学：自强不息，厚德载物

安徽师范大学：厚德、重教、博学、笃行

"大学生要学会做人，学会生存，学会求知，学会与人相处。"联合国文教总干事费德里·科马约尔对大学生呼吁。因此，当我们扪心自问"为什么上大学"时，要首先理解大学的内涵、大学的精神。

此外，小陈没有弄清上大学的目的。当然，目的因人而异。有的人上大学可能是为了让父母在别人面前有面子；有的人上大学是为了改变现状，将来找一份好工作；有的人或许根本不知道自己为什么上大学，仅仅就是因为升学的惯性，稀里糊涂地来到了大学。

很多同学都会有这种感受：没上大学之前，对大学充满了憧憬，想象着大学里有环境优雅的校园，有来自五湖四海的同学，有知识渊博的教授，有丰富多彩的业余生活，有美好的爱情故事；但是，上了大学之后，才发现大学生活不是当初想的那样，失落、迷茫油然而生，惰性也随之滋生，等到毕业后又后悔不迭，叹息自己没有好好珍惜大学生活。还有一些同学的大学生活是这样的：在经历了短暂的不适应之后开始调整，从而重新找到了自己的定位，对大学有了更加现实的认识，并对自己的生涯进行了科学、合理的规划，等到毕业进入社会时，便有了更多的底气和自信。

大学承担着人才培养、知识传播和创新、社会服务等方面的重要职责，代表着社会良知，提供了人文关怀和可以坚守的精神家园。大学也是教育、学习、研究学问、传承和创造文化的圣地，与知识、文化、文明、正义、真理是共存的。大学应该有一群睿智的学者，文化的积淀使他们儒雅翩翩；大学是理想的集散地，智慧的火花在这里碰撞、闪烁和生长；大学也是学术争鸣的百花园，真理插上自然的翅膀自由地翱翔；大学有可供年轻人遨游的知识海洋，古今历史和宇宙万物都在与你对话。现代大学提供了一个场所、一种环境和一套条件，让青年学子们在这里交流思想、切磋技艺、激荡感情、增长智慧和经验、锤炼意志和能力、陶冶精神和品德，为建设国家打下扎实的基础。

大学时代是人生求知的重要时期。3～5年的大学生活将会带给你什么变化？简而言之，大学将扩大你的眼界、增长你的见识，使你有更丰富的内心世界和更高洁的人生境界，有丰富的不断超越自我的内在动力，让你成为一个有潜力、有思想、有价值、有前途的人。当你离开大学时，你的最大收获将是对什么都可以拥有的自信和渴望。

大学带给你的是现代文明的教养：理性，客观，崇尚个人自由和个人价值，遵守规则，讲求诚信，积极参与社会合作，体面而诚实地表达个人意见和利益诉求。身在象牙塔中的我们，文明修养不仅是自我发展的需要，更是适应现代文明社会发展的需要。要做一个真正优秀的人，首先要具备高尚的

"德"，其次才是"才"。所以，鲁迅先生说："中国欲存争于天下，其首在立人，人立而后凡事举。""立人"的意思便是要完善人的思想和文明修养，人的文明修养并不是与生俱来的，而是靠后天不断完善的。在大学，可以通过读书求学来完善自身的认知水平；认知达到一定水平，就有了明辨是非的能力；有了分辨是非的能力，就要端正自身的心态，不违背自己的良知，努力使自己的一言一行都符合道德的标准，自己的修养便得到完善。良好的个人修养是成就事业的前提，是人生最根本、最基础的一环。

【案例5】从小"被管大"的小汪是家中的"独苗"，从小在家父母管，在校老师管，吃饭、睡觉、学习等一切都由家长和老师安排妥当。除了学习，其他任何事都不用自己考虑。但是，上了大学以后，一切都要自己想、自己做，住集体宿舍，在拥挤的食堂就餐，课余时间也要自己安排，经常不知道应该做什么、怎么做，很不习惯。小汪每天都给家里打电话，但是，远水解不了近渴，爸爸妈妈有时不了解详情，也很难提出有效解决问题的建议，使得小汪更加焦虑。

安老师：大学生活是人生的一个重要转折，对刚刚步入高校的大学生来说，大学生活和中学生活存在着诸多的变化和差异。比如独立性增强，初入大学，没了家长和班主任的照顾和看管，生活的选择权由学生自己掌控，一切都要自己做主，这对大学生的独立生活能力是一个挑战。首先是生活方式的变化，要独自打理饮食起居、管理财务、住集体宿舍，适应校园生活；其次是生活习惯的变化，异地求学，在气候、饮食、语言、作息时间等方面都存在差异；再次是人际关系的变化，大学生交往范围扩大，内容丰富，对人际交往的技巧要求更高；最后是大学生自我管理的一个重要特点，学生会、学生社团、校园活动和社会实践等为大学生提供了展示自我的舞台，使学生从中学会自我管理、自我教育、全面发展和提高自我的技能。

大学是创新思想的地方，代表着精英文化，代表着先进文明。雅斯贝尔斯认为："所谓教育，不过是人对人的主体间灵肉交流活动（尤其是老一代对年轻一代），包括知识内容的传授、生命内涵的领悟、意志行为的规范，并通过文化传递功能，将文化遗产交给年轻一代，使他们自由地生成，并启迪其自由天性。"

【案例6】"人们都说大学是一个充满活力的地方，是一个锤炼自己、展现自己的舞台，我的亲身经历就印证了这一切。在这里有学生会，有团委等各式各样的社团，以及院系之间举办的丰富多彩的活动。在这里，可以让我的能力得到很好的提升，让我丰富生活知识，可以结交各种朋友，也让我的大学生活变得更加充实。在生活中我总希望快乐伴随着成功，汗水在挥洒，灵感在雀跃。我并没有感觉到厌倦，反而感觉我收获了很多，大学也算是一个小小的社会，靠的是自己，拼的是自己，赢还是输就要看你自己了。大学是一个人才汇聚、高手云集的地方，而且竞争加剧，同学们想保持昔日的辉煌绝非易事。我要调整观念，接受现实，多向身边优秀的人学习，发现自己的优点，弥补自己的缺点，提升自我。"一个大学生在日记里这样描述自己的大学生活。

安老师：大学为学生提供了更多展示自己的平台，同学们可以参加不同的社团、比赛和竞赛。学生有更多的课余时间自由支配，以及面临更多选择。新生入学后，要抓住机会，不断开发自己的潜力，展示自己，通过参与各种活动，增加对自我的了解。

【延伸阅读】
大学四年，究竟能带给我们什么？

知识分子当然不应该是不学无术的人，他不仅应该具有广博的文化修养，也需要具有专业知识和专业技能。随着人类文明的进步，专业知识和专业技能在社会生活中，特别是在生产中有着越来越重要的意义。

简而言之，大学带给我们的就是：提升道德品质、锻炼综合能力、培养专业知识和技能。

四、什么是大学生涯

【案例7】2005年，中国青年报社会调查中心和某网站校园频道联合实施了一项题为"你觉得大学生活有意思吗？"的在线调查，这项共有2451名网友参与的调查显示，35.4%的人认为大学生活"太没劲了"，如果再算上"偶尔感觉没劲"的人，比例就会高达80.1%。调查还发现，41.9%的人刚进入大学的时候"很兴奋"，但一段时间后，其中44.6%的人就觉得"大学生活其实很郁闷，和理想中的差距太大了"。

2011年，某网站开展了一项社会调查，统计的结果是：有46.5%的父母认为孩子上大学的首要任务是"找一份适合孩子的好工作"。调查表明，自我利益目标成为近六成准大学生上大学的首要理由。

安老师：大学生涯是整个人生的重要阶段之一，在大学选择某一个专业学习是为今后职业生涯做必要的准备。因而，大学可称为职业生涯准备阶段或者职业生涯预备期。我们要尽快把握大学阶段的学习特点，树立正确的学习观，适应大学生活，学会自立自强，善于利用时间，驾驭个人的情绪，维护心理和生理健康，尽早适应大学生活，平稳度过心理适应期。我们要正确认识和了解所学专业，认识专业学习在职业发展中的重要性。

大学，是一个人从半成熟走向成熟的过程，是一个人世界观、人生观、价值观逐渐成熟的过程，是一个人人格形成和完善的过程。当然，在大学里你也可以选择漫无目的，整日无所事事，最终回首发现自己一事无成，留下的是四年的苍白。而我，希望四年以后可以很满意地对自己说：这四年我没有白活，这四年我学会了很多，这四年将对我的未来产生积极而深远的影响，这四年是我人生中值得回忆的四年！

我相信：路，就在脚下；路，就印在不死的决心之中；路，是汗水筑起的一片生活；路，是一步一步走出的人生。大学，便是这漫长人生路上的一个驿站。我会走好大学的这一段路，让人生不留下遗憾！

讲了那么多，大学生涯有什么特点呢？

为了让同学们更好地了解大学生涯，我还总结出了大学生涯的特点：

（1）综合性。大学生涯以培养每个学生的发展为目标。专业课的学习，使学生科学文化水平得到提高。在课外实践活动中，学生的动手能力得到锻炼。在整个大学生涯中，学生不仅要思考怎样成为一名合格的大学生，还要学习怎样成为一名合格的社会公民，怎样成为一名孝顺的子女，怎样成就自己未来的事业，涵盖人生整体发展的各种角色都要在大学生涯期间得到培养与锻炼。

（2）发展性。大学生涯是一个不断发展的动态过程。学生在不同的学习阶段会有不同的要求，这些要求会随着学生个体的不断成长而变化、发展，在这个发展过程中，学生会得到不断的成长和完善。

（3）独特性。每个学生都会有属于自己的大学生涯，具有独一无二的特性。大学生涯是学生个体为了满足个人的需求、达到个人的人生理想和生活目标而展开的一种独特的生命历程。不同的学生有不同的大学生涯，尽管在这过程中有某些相似之处，但是，从整个大学生涯来看，还是不完全相同的。

（4）全面性。传授知识是大学生涯的重中之重。在教授知识的同时，还要注重学生个体的特长、兴趣及爱好，让学生的身心得到全面发展，充分展现学生的优势与个性，增强竞争力。

【案例8】 从小只顾专心学习的小于，学习成绩优秀，一直是父母的骄傲，他自己也很自豪、自信。然而进入大学以后，小于感到周围的同学不但聪明，而且多才多艺，唱歌、跳舞、摄影、绘画等，各有特长。相比之下，除了学习，自己几乎样样不如别人，心里真是五味杂陈，自卑、焦虑等情绪挥之不去，不知自己今后该何去何从。

安老师： 大学生的审美标准趋向多元，大学生的价值观也呈现多元化。大学为同学们发展兴趣、爱好和特长提供了更多的机会。兴趣和爱好不仅可以提高自身的修养，陶冶性情，还能提高交际能力和拓展人脉。因此，同学们要冷静地分析，寻找自己的优势，投入时间和精力到自己喜欢的事情上去，不断积累，不断提高。遇到强于自己的同学，切不可过分"比较"，充分发挥自己的长处，逐步弥补自己的不足。

【延伸阅读】
大学生:怎么上大学,比上什么大学更重要

对于未来职业发展来说，大学生涯是职业发展的前提和基础。当今世界人才的竞争十分激烈，在这样的形势之下，必须学好自己的专业，有一定的文凭，才能为职业发展铺平道路。大学生通过大学阶段的学习，在德、智、体、美、劳等方面获得全面的发展，具备了一定的从事生产劳动的能力，掌握了管理、服务的技术，为职业发展做好准备。

五、大学生涯要做些什么

【案例9】雷军，小米公司现任董事长，1991年毕业于武汉大学计算机系；1992年加入金山公司，曾任北京金山公司总经理。他说："学习能力是最重要的能力。我大学的第一堂课，是一位留学多年的化学系老教授讲的。他告诉我们，上大学的目的是学会如何学习，研究生的目的是学会如何工作，如果明白了这两条，就永远不会存在专业不对口的问题。"

雷军两年修完了大学四年的课程。大一，雷军成绩全年级第一，但雷军很快发现大学并不是比谁考试第一，所以，雷军就去了武汉的电子一条街打工。那条街上的老板都知道雷军很能干，都对他很客气。雷军很快就出名了。

小志：雷军是名人，我们都想向他学习。那么，我们的大学生涯要做哪些事情呢？

安老师：高中阶段主要是学习专业知识和训练思维方式，但是到了大学之后，要做的事情更多了，一切都发生了变化。大学生涯主要做以下几件事情：

（1）积累知识。大学是为社会培养专业人才的，那么它的专业分工也就更加细化，所教学的内容也就更加具体。对于我们来说，大学就是通往社会的桥梁，我们所选的专业，大部分就是我们以后工作的方向。作为一名学生，第一要务肯定是学习。掌握所学知识，是你的本分。而你的专业知识储备，是你以后找工作的"杀手锏"。当今社会找工作难是众所周知的，如果你没有足够的资本，凭什么战胜别人？我们学习不是为了别人，而是为了以后更好的自己。

（2）自主学习。绝大部分刚踏入大学的人一开始肯定是不适应的。为什么呢？没有了固定的教室，没有了固定的座位，没有了班主任的管束，也没有了作业……除了上课，我们有的就是大把大把的自由时间，但这大把大把的自由时间却让我们很不适应。这也是初高中"三点一线"的学校生活给我们留下的"后遗症"。那这大把大把的时间该怎么利用呢？不用怀疑，它的确是让你自由安排的，但这并不代表你可以挥霍它，而是应该利用它学会自主学习。进入社会后，由于社会的飞速发展，为了跟上时代的步伐，我们还得不断地学习，而这个时候没有了老师的指导，更没有了初高中时班主任的督促，一切都得靠自己的自觉，而大学就是以培养学生的自主学习能力为根本出发点和落脚点。所以，在大学期间，你必须学会自主学习。

（3）独立生活。虽然很多孩子在初高中就离开了父母，在学校住宿，但这并没有完全脱离大人的管束，比如初高中时我们有班主任、生活老师，班主任会随时关注班上每位同学的状况，生活老师也会随时查房，关心每位同学的生活。但大学就不一样了，辅导员只负责传达学校的任务，管理相关专业班级的班务。在大学期间，没有亲人在身边，伤心了得自己忍，生病了得自己看，衣服脏了得自己洗，缺什么东西得自己买，等等，这无不是为以后进入社会做准备。大学就是为了让你学会独立生活。

（4）独立思考。为什么说要学会独立思考呢？大学的科任老师跟初高中不一样，他们上完课就走人，也不会在办公室里面坐等你来问问题，你有什么问题只能自己琢磨，虽然可以请教同学，但很多情况下，还是得自己慢慢消化。大学期间最应该思考的一个问题是以后人生的定位，"是继续深造还是找工作？""找什么工作？"……这些事虽然也可以找亲戚、朋友提供意见，但这关乎自己的一生，谁也不能替你做决定，还是得自己亲力亲为。大学要我们学会独立思考。

（5）培养责任心。责任心是一种态度。进入大学后，你不仅仅是个大学生，还是个具有完全民事行为能力的成年人。什么叫完全民事行为能力，相信不用解释你们也清楚。社会上各大企业都对员工的责任心有很高的要求，一个没有责任心的员工哪个公司会要你、敢要你？所以，大学还是一个培养责任心的地方。

（6）学会处理人际关系。大学就是一个小社会，你接触的不再只是一个班上的同学，或者再说大点，一个年级的同学。你接触到的是各种身份的人，比如来自五湖四海的同学、科任老师、辅导员、学校领导等，他们身份不同，层次不同，性格迥异，你得学会跟他们相处。而社会更是一个大染缸，走进社会后，你必须得跟社会上形形色色的人打交道。所以，大学生活会在潜移默化中让你学会如何处理人际关系。

（7）兴趣培养。兴趣在人的实践活动中具有重要的意义。兴趣可以使人集中注意力，产生愉快、兴奋的心理状态。这对人的认识和活动会产生积极的影响，有利于提高工作的质量和效果。所以，培养兴趣很重要。大学不仅仅可以学习知识，还是一个培养兴趣爱好的好地方。兴趣不是天生的，都是后天培养出来的。好的兴趣的培养，不但可以丰富自己的知识面，还可以为以后的生活增加趣味。我曾参加过创业协会和青年志愿者服务队，自己挺喜欢，现在都工作了，有时还在想什么时候再去当当志愿者，做做义工。

【案例10】蒯龙，安徽师范大学化学与材料科学学院2011级物理化学专业研究生，2011年度"中国大学生自强之星"，获第十二届"挑战杯"全国大学生课外学术科技作品竞赛一等奖、第七届"中国青少年科技创新奖"。怀着对纳米世界的浓厚兴趣，他在科研探索的道路上奋力前行。

2007年高考，凭着优异成绩，长丰县的农家子弟蒯龙考取了安徽师范大学，成为该校化学与材料科学学院的一名新生。踏入大学校门前，从事科学研究并不在蒯龙的人生规划之内。人生的转折是从他与一本书的邂逅开始的。

2009年夏天，蒯龙在图书馆发现中国科学院合肥固体物理研究所张立德先生的一本科普读物——《奇妙的纳米世界》。书里奇特的现象和反常的规律犹如神力一般将他带入另一个物质世界。

"从此我和纳米世界结下了不解之缘。"

2010年，在学院开展的本科生创新实验课题活动中，已是大三学生的蒯龙有幸加入了化学与材料科学学院副院长、博士生导师耿保友教授的课题组。在这个平台上，还是本科生的蒯龙展现出超乎寻常的科研能力。

不会的，学；不懂的，问。潜下心来，蒯龙开始查阅文献，了解研究领域发展的历史和现状。专业英语词汇匮乏，他就把厚厚的化工词典当枕头，先后"啃"完了《纳米材料化学》《纳米材料和纳米结构》《水热结晶学》《表面活性剂化学》等多本晦涩难懂的专著，这些理论知识的积累为其后来的快速进步打下了坚实的基础。

凭着刻苦钻研，蒯龙在本科期间以第一作者发表SCI学术论文3篇，合作发表学术论文多篇，申请中国发明专利2项。蒯龙在各级各类竞赛中也收获颇丰：他先后获得第十二届"挑战杯"全国大学生课外学术科技作品竞赛一等奖，第四届安徽省"挑战杯"大学生课外学术科技作品竞赛特等

【延伸阅读】
5000位学长学姐告诉你
大学应该怎么过

奖，第四届中国专利周暨安徽师范大学第三届学生专利发明大赛特等奖，第七届"中国青少年科技创新奖"，荣获安徽师范大学第七届"师大骄子"十佳大学生称号。

2011年，蒯龙被保送留校攻读硕士学位，并于2012年7月赴港深造，向新的科研高峰攀登。

第二节　慎独省身，方识本心

【案例11】前不久，公司里来了个实习生。前段时间做活动，有个文件需要实习生帮忙送一下，她送了4个小时都没回来。因为不认识路，也不会用手机里的地图，更不敢问路，于是她只能盲目地在大街上晃悠。她的直属上司每天都被她气得要死，可她越是不会做，就越是毫无表情地一句话不说，让人更加生气。在实习期结束之前，公司就开除了她。

作为一个实习生，究竟要具备什么样的能力才能真正融入职场？她很努力又勤奋，上班下班都很准时，从不迟到早退，可为什么那些看起来十分简单的工作却都做不好呢？仔细想想，这个实习生身上反映出来的问题很多都与她的生活习惯有关。

安老师：以前我们总说："不要当书呆子。"这句话在今天理解起来有了更深刻的含义：不要光顾着读书，还要懂生活，知道地图怎么用，知道如何订餐，至少能分清东、南、西、北。这些事情看起来与职场无关，但能把它们做好，可以让你在实习阶段不被淘汰。在实习阶段，上司给你的任务多半都是些有关生活能力的琐碎事，买个饭、发个快递、送个东西、印个材料，可如果这些小事你都做不来，换了谁也不敢把更重要的工作交给你。

小爱：听说大学并不轻松，尤其是很多理工科专业，学业任务非常繁重，如何让自己成为一个懂得多的人呢？

安老师：简单来说，多参加集体活动，多抱有好奇心去尝试新鲜的东西，多走出校园到社会上去看看，哪怕只是逛街、吃饭、散步、遛公园，都好过校园里"三点一线"的简单生活。

从社会学的角度看，很多学生在人生的不同阶段都会经历不同的身份转变：儿童我—社会我—职业我。

一、从"儿童我"到"社会我"

【案例12】《长江商报》2010年9月11日报道，"14包行李要10名志愿者帮他扛上去。更'雷'的是，他连毛巾都带了7条，卫生纸带够了四年用的。"谈起接送"齐全哥"的经历，志愿者李虎无奈地说。昨日，武汉科技大学电子信息工程系新生郑同学在5名家人的陪同下一进校园就引起了轰动，连83岁高龄奶奶都坐着轮椅前来为他"助阵"。

据了解，郑同学是宜昌人，1991年出生。昨日下午，在他家人的陪同下，乘私家车来武汉报到。陪同人员有爸爸、妈妈、姑父、小姨，还有奶奶。

志愿者季南说，本来想着一个男生应该没有多少东西，准备一个人帮忙拎行李，没想到包一个接一个地往车下拿。他一看，赶忙打电话叫另一个志愿者李虎过来帮忙。大大小小一共有14个包，大家傻了眼，不得已又打电话叫来8名志愿者。

据帮忙搬运行李的志愿者李虎介绍，郑同学除了几大包春、夏、秋、冬的衣物外，还带了一台立式电风扇，两个医药箱，一箱装着补品、一箱是日常用药，毛巾带了7条，还有牛奶、苹果各一箱。卫生纸准备了四年的，满满一大箱。

郑母说："带来的卫生纸还不一定够孩子用4年呢，而且儿子从小就体弱多病，怕他来大学后吃不消，药品还是准备齐全点好。"

中午，郑同学和妈妈在学校北园餐厅吃饭时，妈妈一直抱怨饭菜难吃，心疼地对他说："这么难吃的饭我都吃不下，你可怎么吃啊？"不过，郑同学却反驳说："我高中时在学校吃的饭比这个还要难吃，这没什么。"

郑同学的辅导员骆哲说："郑同学是一个内敛、文静的男生，他想独立，敢吃苦，但可能父母太溺爱他了吧。"在骆哲的劝说下，郑同学答应让父母把一些不太必要的行李带回去。

【延伸阅读】
"长不大"的大学生

小志：来大学报到时，我爸妈非要送我来，爷爷奶奶也要跟着来，我不让，他们还跟我急，真是把我当小孩子了。可是，我在军训时还时常想家哭鼻子呢！真不知自己是否真的成年了。

安老师：每个人刚出生的时候，对家人的依赖很大，衣、食、住、行都需要别人的帮助。但随着慢慢地长大，对父母或家人的依赖会逐渐减少。随着我们的成长，父母离我们越来越远，我们的社会化成分越来越多。从"儿童我"到"社会我"，这种转变是一步步实现的，从父母抱着你，接送你，到让你自己走；从帮助你，关心你，到鼓励你自己做事，让你慢慢融入社会，独立生活，自己选择。有些同学上了大一后感到不适应，不会洗衣服、不会叠被、不会整理房间、不会买东西、不敢自己出行、不知道如何选择等，这都是从"儿童我"到"社会我"转变过程中必然产生的反应。有些孩子对父母的依赖太强，有些父母对孩子大包大揽，导致大学生的独立生活能力与年龄和受教育程度不相匹配。大学四年，我们将完成从"儿童我"向"社会我"的转变。

图1-2　大学新生报到现场

二、从"社会我"到"职业我"

小爱：安老师您好！我刚进入大学，学业还没有开始，对于职业更是一窍不通，我想了解一下，大学生在大学期间如何实现向职业的转变呢？

安老师：这就是从"社会我"到"职业我"的转变。所谓"职业我"，即职业能力，就是当你从事某一职业时，具体的工作职责要求你所具有的分析、解读、操作等方面的能力。这些能力依赖一定的相关知识，但是不只要求从业者掌握这些知识，更要求将这些知识在工作中具体应用以解决实际问题，长期转化为一种技术能力。

当大学生完成四年的学业走出校园的时候，就要面对从"社会我"到"职业我"的转变。在四年的大学生活中，很多同学的社会化和职业化程度并不高，一谈到找工作会感到迷茫、困惑，出现这种情况的主要原因是不清楚何种人格和素质能满足企业的要求，没有主动地去培养自己的职业精神和职业态度。步入职场，从大学生一下子转变成职业人，难度可想而知，可能需要一个适应期。

我建议大学新生给自己设立一个标准，从步入大学开始就有意识地向"职业我"转变，在大学四年按照职业化的标准要求自己，到毕业求职的时候，就会成为更符合用人单位要求的员工，职业选择的空间也就更大。

小志：现在社会上很多人一谈到找工作，不再只看学历，而是大谈特谈职业素养呢？它有什么作用？何如提升它呢？

安老师：所谓职业素养，就是人生对未来职业的向往和追求。作为大学生，职业素养是人生职业实现的精神支柱，它对促进大学生在学业上奋发进取、顽强拼搏、锲而不舍地按照自己的职业需要充实、完善自我，实现未来人生的职业目标有积极的促进作用。

所以，如何提升职业能力和职业素养很关键。

（一）职业能力和职业素养的作用

当踏进大学校园的时候，大学生都应该进行自己的职业生涯规划，在进行职业生涯规划时都应该把握好所愿与所能的关系。所愿是想做的工作、想获得的职位。所能是现在拥有的技术、能力、素质、实践经验等。大学生的就业理想往往是美好的，但依靠现在的职业能力和职业素养可能暂时实现不了，因此，大学生很有必要在校学习期间了解职业生涯所需要具备的职业能力、职业素养，有针对性地加强培养，以便将来更好、更快地适应职业的需要，最终取得职场上的成功。

职业能力不是一成不变的，会在实践的基础上得到发展和提高，大学期间的学习以及将来长期从事某一职业，能促使人的职业能力向高度专业化发展。

而职业素养具有十分重要的意义。从个人的角度来看，适者生存，个人缺乏良好的职业素养，就很难取得突出的工作业绩，更谈不上建功立业；从企业的角度来看，唯有具备较高职业素养的人员才能实现求得生存与发展的目的，他们可以帮助企业节省成本、提高效率，从而提高企业在市场的竞争力；从国家的角度来看，国民职业素养的高低直接影响着国家经济的发展，是社会稳定的前提。正因如此，"职业素养教育"才显得尤为重要。

（二）大学生的现状及存在的问题

是否具有职业规划意识、职业定位是否正确、职业能力是否得到提高，对于大学生的职业选择、生涯发展至关重要。但是，目前很多大学生往往将职业生涯规划简单地等同于职业选择。

问卷调查显示，有近四成的大学生对自己目前的职业生涯规划现状是满意的。但是，当把这种规划分解后，他们的选择就没有这么乐观了：仅有12%的人了解自己的个性、兴趣和能力；18%的人清楚自己职业发展面临的优势和劣势；清楚地知道自己喜欢和不喜欢的职业的人只占16%。这说明，大学生对自己及环境缺乏客观的分析及评价，造成自己在职业生涯规划判断上前后矛盾，表明大学生对什么是职业生涯规划还不十分清楚，对自身的职业生涯发展潜力的认识比较模糊。

（三）自身存在的问题

有人曾经问我，你上学是为了什么？那时候我很是茫然，无言以对。我也时常问我自己，上学难道就是为了找到好工作？如何摆脱这种困境？

对于自己的缺点我很是了解，性格内向的我不善与人交往，我时常努力地改变自己，尽量让自己变得活泼些，积极地参加学校的社团活动、体育比赛；在课堂上，尽量积极发言。因为我懂得一点，在现在的社会单凭一个人的实力很难干成一件事，许多都是与人合作才能完成的。所以你只有改变自己，与其他人合作，才能更好地适应这个社会。

此外，我以前经常说的一句话就是"干什么都没意思"，从我的口头禅就能看出我对生活的态度是消极的。这是我最大的缺点，也是我最致命的缺点。有一句名言：态度决定一切。不错，这句话在我身上得到验证。要想毕业后做点有意义的事，还得在大学生活中以积极的心态对待每一个人以及每一件事，脚踏实地，一步一个脚印。只有这样，我们才能在生活里的每一件小事中得到锻炼、提高。这样，职业能力和职业素养的提高就显得不那么难了。

（四）如何提高自身的职业能力与职业素养

1. 能力的培养。

大学生在大学期间应学习并掌握工作岗位所要求的基本能力，那么大学生在大学期间就应注重能力的培养。大学生能力培养的途径主要有：

（1）积累知识。知识是能力的基础，勤奋是成功的钥匙。离开知识的积累，能力就成了"无源之水"，而知识的积累要靠勤奋的学习来实现。大学生在校期间，既要掌握书本上的知识和技能，又要掌握学习的方法，学会学习，养成自学的习惯，树立终身学习的意识。

（2）勤于实践。善于学习是培养能力的基础，实践是培养和提高能力的重要途径，是检验学生是否学到知识的标准。因此，大学生在校期间，既要主动、积极参加各种校园文化活动，又要勇于参与一些社会实践活动；既要认真参加社会调查活动，又要热心各种公益活动；既要积极参与校内外相结合的科学研究、科技协作、科技服务活动，参加以校内建设或社会生产建设为主要内容的生产劳动，又要热忱参加教育实习活动，参加学校举办的各种类型的学习班、讲学班，担任家庭教师等。

（3）发展兴趣。兴趣包括直接兴趣和间接兴趣。直接兴趣是事物本身引起的兴趣。间接兴趣是对能给个体带来愉快或益处的活动结果产生的兴趣，人的意志在其中起着积极的促进作用。大学生应该重点培养对学习的间接兴趣，以提高自身能力为目标鼓励自己学习。

（4）超越自我。作为一名大学生，应当注意发展自己的优势能力，但仅有优势能力是不够的，大学生必须对已经具备的能力有所拓展，不管其发展程度如何，这是他们今后生存的需要，也是发展的需要。

2. 身心素质的培养。

身体素质和心理素质合称为身心素质。身心素质对大学生成才有着重大影响，不断提升身心素质显得尤为重要。大学生心理素质提升的主要途径有：

（1）科学用脑。

①勤于用脑。大脑用得越勤快，脑功能越发达。还要讲究最佳用脑时间。研究发现，人的最佳用脑时间存在着很大的差异，就一天而言，有早晨学习效率最高的百灵鸟型，有黑夜学习效率最高的猫头鹰型，也有最佳学习时间

不明显的混合型。

②劳逸结合。从事脑力劳动的时候，大脑皮层兴奋区的代谢过程就逐步加强，血流量和耗氧量也增加，从而使脑的工作能力逐步提高。如果长时间用脑，消耗的过程逐步超过恢复过程，就会产生疲劳。疲劳如果持续下去，不仅会使学习和工作效率降低，还会引起神经衰弱等疾病。

③多种活动交替进行。人的脑细胞有专门的分工，各司其职。经常轮换脑细胞的兴奋与抑制，可以减轻疲劳，提高效率。

④培养良好的生活习惯。节奏性是人脑的基本规律之一，大脑皮层的兴奋与抑制有节奏地交替进行，大脑才能发挥较大效能。要使大脑兴奋与抑制有节奏，就要养成良好的生活习惯。

（2）自觉控制和调节情绪。在一定程度上，疾病与情绪有关，长期思虑、忧郁，过度气愤、苦闷，都可能导致疾病的发生。大学生要有健康的身心，就必须保持乐观的情绪，在学习、生活和工作中有效地驾驭自己的情绪活动，自觉地控制和调节情绪。

（3）提高克服挫折的能力。正视挫折、战胜或适应挫折。遇到挫折，要冷静分析原因，找出问题的症结，充分发挥主观能动性，想办法战胜它。如果经过努力也无法战胜，就要接受它、适应它，或者另辟路径，以便再战。要多经受挫折的磨炼。

（五）结合自己的专业，找准自己的位置

1. 专业分析。

比如数学与应用数学专业培养的是掌握数学科学的基本理论与基本方法，具备运用数学知识、使用计算机解决实际问题的能力，受到科学研究的初步训练，能在科技、教育和经济部门从事研究、教学工作或在生产经营及管理部门从事实际应用、开发研究和管理工作的高级专门人才。

2. 该专业所具备的能力。

还是以数学与应用数学专业为例。

（1）具有扎实的数学基础，受到比较严格的科学思维训练，初步掌握数学科学的思想方法。

（2）具有应用数学知识去解决实际问题，特别是建立数学模型的初步能

【延伸阅读】
你的自我实现程度

力，了解某一应用领域的基本知识。

（3）能熟练使用计算机（包括常用语言、工具及一些数学软件），具有编写简单应用程序的能力。

（4）有较强的语言表达能力，掌握资料查询、文献检索及运用现代信息技术获取相关信息的基本方法，具有一定的科学研究和教学能力。

3. 找准自己的位置。

制订合理的专业学习计划，明确学习目标，也就是通过专业学习要达到预期的结果，在专业基本理论、基本知识和基本技能方面要达到的水平，在专业能力方面和实际应用方面要达到的目标。

第三节　循序渐进，学无止境

一、大学生涯规划的意义

【案例13】某大学对148名大学新生进行了"入学后最迫切的愿望是什么？"的调查，结果发现：40%的大学新生回答"希望有丰富多彩的文娱生活"，55.5%的学生认为"自己的目标不明确"。是的，刚进入大学，从中学那种紧张的氛围中走出来，很多同学产生了松懈心理，不知道自己该做什么，往往是人云亦云，跟着别人走。等发现应该学习充实一下自己时，最好的学习时间却已在游山玩水中、在懒觉中、在如梦如幻让人沉溺其中不可自拔的游戏中、在每天的拖拖拉拉中、在一次又一次对自己的宽容中消失殆尽了……

图1-3　大学生涯与职业规划讲座

小爱： 我时常听不少临近毕业的同学感叹："如果时光能够倒流，我会选择另一种方式度过大学生活。"估计这些人都没有认真规划大学生涯，后悔晚矣。那么，如何做好大学生涯规划呢？

安老师： 大学这个象牙塔对于每一位新生来说都是新鲜而刺激的。大部分学生通过十几年的奋斗，就是为了"上大学"。然而，兴奋之余，不少新生却陷入了困惑和迷茫之中，这种状况有时候会持续至大二，严重影响大学生的成长。

谁都希望在离开大学走入社会时能够学得一身本领，顺利到达成功的彼岸，那么，怎样才能做到这一点呢？

我们认为，大学生在入学的最初几个月里，在熟悉新的生活、老师和同学的同时，应该迅速熟悉学校中的教学及辅助设施，如教学办公地点、图书馆、实验室、复印室、快递点等，应该及早对自己的大学生活做个规划，特别是及早确立自己的学业规划。

大学学业规划，就是同学们根据自身情况，结合现在的条件和制约因素，为自己确立整个大学期间的学业目标，并为实现学业目标而确定行动方向、行动时间和行动方案。对于同学们来讲，只有及早设计自己的学业规划，明确自己的学业目标，提高素质优势，才有可能在将来激烈的竞争中把握住机会，获得成功。因此，对大学的学业进行系统的规划对大学生们有着重要的意义。

1. 做好学业规划能增强自我约束力和自我管理能力。

没有学业规划，容易浪费我们的时间、精力，容易陷入跟学业无关的琐事中，虚度大学时光，浪费青春。学业规划能让我们明白我们所做的每件事都是实现未来目标的一部分，从而重视现在、把握现在，集中时间、精力和资源，认真学习。

2. 做好学业规划能增强生活与学习的主动性。

一份有效的学业规划，能够引导我们认识自身的个性特质、现有的和潜在的资源优势，对自己的优势与劣势进行对比分析，树立明确的学业发展目标与未来职业理想，评估个人目标与现状之间的距离，学会运用科学、有效的方法，采取切实可行的步骤和措施，不断增强自己的学业竞争力，实现学业目标与职业理想。从大一起，同学们就应该认清自己的学习发展方向，并在大学期间为自己的目标努力，由"要我学"变为"我要学"。

3.做好学业规划能促使大学生积极向上和自我完善。

学业规划是自己努力的依据，也是对自我的鞭策。随着学业规划的每个具体目标的实现，我们就会越来越有成就感，我们的思维方式及心态就会向着更积极向上的方向转变。好的学业规划能使自己对学业的实现过程有清晰透彻的认识，进而增强自信、完善自我，更加努力地达成目标。

4.做好学业规划有助于自我定位。

同学们要不断了解自己，发掘自己的特点，进而不断地调整与修正，找出自己感兴趣的领域，确定自己能干的工作，明确切入社会的起点，其中最重要的是明确自我人生目标，即自我定位。而学业规划确立的过程是一个有弹性的、动态的过程，是一个认识自身优势与弱势，面临机会与挑战的过程，是一个自我定位、规划人生的过程，是一个明确自己"能干什么""社会可以提供给我什么机会""我选择干什么"等问题的过程，进而使理想具有可操作性，为大家进入社会提供明确方向。

二、大学生涯规划的内容

我们想要有效利用大学四年，为将来的成功打下基础，首先我们就要明白成功的一般规律。美国的成功学大师安东尼·罗宾斯（Anthony Robbins）曾经提出了一个成功的公式：

成功 = 明确目标 + 详细计划 + 马上行动 + 检查修正 + 坚持到底

从这个公式我们可以看出，我们要想成功，首先要有明确的目标和详细的计划。从进入大学的第一天起，我们就应该思考，通过这四年的大学学习，要达到一个什么目标，应该选择什么途径和方法去实现这个目标；其次要付诸行动，并且经常对自己的目标和计划进行检查修正；最后坚持到底，获得成功。

小志：大学生涯规划包括哪些方面？

安老师：具体而言，一个系统的大学生涯规划应当包括明确学业目标、学业目标分解、学业规划强化、学业规划评估与反馈四个步骤。

1.明确学业目标。

学业目标确立的好坏是决定大学学习生涯成败的一个关键因素，在确立学业目标时，应该把个人目标与社会需求有机地结合起来，这样的目标才有现实的可行性。

学业目标又分为短期目标和长期目标，短期目标一般是近期知识能力的学习和提高。长期目标一般是学业规划的顶点，比如选择自己的职业方向，是选择考公务员还是进入企业。

合理的学业目标应该符合 SMART 原则，即特定（specific）、可衡量（measurable）、可接受（acceptable）、现实（reality）和规定时间表（time-bounded）。

（1）"特定"是指针对大学生涯发展本身，如专业、选课等，而不是其他泛泛的目标。

（2）"可衡量"是指具体的要求，以便检查实施效果，要制定客观目标，如竞选班长或期末考试某课程要考多少分。

（3）"可接受"是指自己对大学生涯目标有承诺，要下决心，不能摇摆，不要好高骛远。

（4）"现实"是指要保证符合自己的客观实际，如竞选班干部，要考虑好工作和学业的冲突等。

（5）"规定时间表"是帮助自己对照检查来发现问题，及时解决问题，使生涯朝着自己的目标发展。

2.学业目标分解。

学业总目标制定出来以后，要能自上而下地分解，即制订学习计划。以本科四年为例，可以按照以下的思路进行：四年总学习目标—学年学习目标—学期学习目标—月学习目标—周学习目标—日学习目标。这样使得学业规划落实到学习生活的每一天，确保学业的严格执行。

3.学业规划强化。

当学业总目标和阶段目标确定后，很多同学或束之高阁或虎头蛇尾，不能持之以恒，导致最终无法实现既定目标。这些现象的出现是因为大学生在制定学业规划时缺少一个重要环节，即对学业规划的强化。强化学业规划就是规划执行者在执行之前详细罗列出达成学业规划的好处，从而培养积极的心态，进而增强动力，产生更大的执行力，确保学业规划顺利完成。

4.学业规划评估与反馈。

在实施过程中，要及时对自己的执行情况做出评估。由于现实生活中存在种种不确定的因素，学业规划的设计必须具有一定的弹性，因此，评估结果出来以后应进行反馈，以便自己及时反省和修正学业目标，变更计划与实施措施。同时应做到定期评估与反馈：每年、每学期、每月、每日进行评估与反馈，进而分析原因，找到改进方法与措施。

下表是某位优秀大学生四年的学业规划，供大家参考。

表1-1　某优秀大学生四年的学业规划

阶　　段	学业规划
第一年:探索	①参加各种课程探索自己的兴趣、技能和能力 ②参加社会实践和社团活动,增强自己的综合能力
第二年:研究	①认真、扎实地学好各门专业课程 ②考相关证书,如英语四、六级证书,计算机及会计证等 ③参与竞赛及科研项目,增强专业实力及个人的团队协作能力 ④与辅导员、导师、毕业生等交流,得到他们的建议和帮助,确定职业方向
第三年:决定	①安排好自己在校园内外的活动,培养自己的组织、领导能力等 ②参加校园招聘会,提前调研自己的目标企业,了解企业情况
第四年:工作探索	①阅读专业的刊物,使自己保持对行业现状的了解,同时也有可能获得一些工作机会 ②从认识的老师、喜欢的工作领域的工作人员那里了解就业的相关信息 ③学习面试技巧 ④做好充分的就业准备,找到一份适合自己的工作

除了要清楚地知道各个阶段学业规划的内容以外，我们还要认识到学业规划中的几个关键点：

一是要逐渐形成新的人生观。大学新生应该期待度过一个以"成功、自信、阳光"为主旋律的青春大学生活。

二是要努力学好专业课程。学好专业课程是最基本的要求，学好专业课程不是学过教材、听完课就可以了，还应该注重对自身综合能力和意识的培养，包括：沟通能力、社会活动能力、语言表达能力、人际交往能力以及正当获取金钱报酬的意识。

三是要把握与专业相关的知识结构。一定要对外延的知识有一定的了解和把握。

四是要明确学习的目的是什么。不管我们学什么专业，都有无数种向社会做贡献的方法，关键在于我们要形成"三百六十行，行行都敢做"的意识。

五是培养自己的商业意识。大学期间，我们应该培养自己发现商机的意识，并能够利用自己发现的商业需求空间，适当地为社会创造财富，获得合理的回报，为自己未来的就业做好必要的铺垫，让未来的职业道路多几种选择，而不是一味地等待毕业时，自己找一份糊口的工作。

大学生的学业规划做得好不好，直接关系到大学生大学四年的成长，也直接关系到大学生毕业后若干年的发展。因此，在校大学生一定要高度重视学业规划，按照学业规划的五个步骤，在辅导员老师或者学业导师（有的学校有专门的学业导师）的指导下，一步一个脚印地做好规划，不仅落实在文字上，更要落实到行动中，每个学期结束后进行自我盘点，哪些规划已经顺利完成，哪些做得还不够，并且做好下一学期的学业规划。要根据自己的情况以及周围的环境变化，及时进行规划的微调，以便适应新的发展需要。只要认真地做好规划，在大学毕业时就一定能够胸有成竹地走向社会。

【案例14】我们来看一个数学系大学生对自己四年大学生活的展望和规划。

十多年的寒窗苦读后，我们终于熬出了头。然而这只是我们人生之旅中迈开的第一大步，所以我们不能放松，依然要为今后的人生设计蓝图。而这第一张便是大学生涯的蓝图，也是我们的成才蓝图。

进入大学要完成最基本的学业，其中包括数学、英语、计算机以及其他课程。对于我们来说，我们的专业是数学，因此，我们要在该门课上多下功夫。尽管之前高中时数学基础不太好，但我依然有信心学好它。计算机和英语是今后就业最重要的两样工具。学院要求我们在大一拿到计算机二级证书，在大二、大三过英语四级。据此，我打算在大一第一学期努力学好计算机知识，同时也不能放松对英语的学习；在大一第二学期必须通过计算机二级，这是大学学业生涯的第一步。

我想在大一抓紧英语课程的学习，为大二冲刺英语四级打下良好的基础。

高中时，我的英语词汇量不足，因此，我一定要在大一掌握足够的词汇，这对于今后的英语学习会很有帮助。同时，在不断接触新的词汇时，有计划地完成对已学词汇的反复温习。再通过大二第一学期的学习，拿下英语四级证书，这是大学学业生涯的第二步。

第三步应该说是大学学业生涯的一个小插曲，即在大三结束之前掌握更多的计算机知识和英语知识，尝试去拿其他类的计算机证书以及英语六级证书。

这个社会充满了竞争，靠仅有的一点大学知识恐怕难以应付瞬息万变的市场需求。因此，考研应当是我们这些大学生的首选。市场的竞争就是人才的竞争，而每年的大学毕业生很多，有太多的人难以找到自己满意的工作。此时拥有更高学历、更强能力的人便成为市场上的"抢手货"。因此，我的大学学业生涯第四步便是考研。考研的方向应当根据自己的兴趣来定，我这个人不喜欢张扬，但我心肠热，喜欢替别人分忧解难，再加上我所学的专业是金融数学，我想今后可以向投资风险分析师这个方向发展。

安老师：从以上学业规划来看，这位同学的目标还是比较明确的。可以看出，他对自己的专业比较认可，他在正确分析自己的兴趣爱好、性格特点、学校的学业要求的基础上，制定出了"投资风险分析师"这个职业目标。为了达到这个目标，他对四年的大学学习生活做了规划，制定出了每年的目标。这个学业规划目标清晰，符合客观现实，是基本可行的。当然也需要做好备案，如果遇到一些变化，要随时对计划进行调整。

通过这个例子可以看出，要实现自己的职业目标，即使与所学专业一致，也不能只学习专业知识。除此之外，还要掌握通用知识，比如英语知识和计算机知识，这是各行各业都离不开的知识。但根据所定的职业目标不同，对这些通用知识的要求也不尽相同。比如，将来想成为一名心理学家，就要求掌握SPSS统计软件；将来想成为一名会计，就要求掌握一些财务软件。除了通用知识外，还要根据自己的职业目标，结合所学专业，适当地补充其他学科的知识。比如想成为一名心理咨询师，除了要学习心理学的专业课程外，最好是了解一些社会学和伦理学的知识，这样可以帮助

【延伸阅读】
李开复：大学四年应该这样度过

从业者更好地理解来访者和处理好咨询关系。

第四节 谋定后动，赢在职场

一、认识职业生涯规划

【案例15】万同学是某校中文专业大一新生。高考结束后，他与老师、家长商量后报了目前的专业，刚进入大学，一切都很新奇。然而没过多久，他就被困惑和无助包围了，因为找不到学习目标，对中文专业虽说不上反感，但也不喜欢，至于应该如何学习、如何对待社团生活，他更是一无所知。听说高年级同学都在忙着考证，如秘书证、英语四六级证、计算机等级证，甚至注册会计师证等，再加上从电视、网络上了解到现在国内整个就业形势严峻，他更没了主张，甚至有些恐惧。

图1-4　安徽省师范类高校毕业生就业招聘会

【案例16】现年21岁的女孩王雨（化名），2006年毕业于工商管理专业，现在一家合资企业做文员，主要做一些常规性的文书工作。她还年轻，有自己的理想和目标，无奈高中的成绩不理想，所以难以上自己喜欢的大学，读自己喜欢的专业。毕业至今，她工作了半年，面对世界金融危机对公司的影响，感觉自己在公司的发展没有方向，她陷入了不安与恐慌中，后悔自己在大学阶段没有制定职业生涯规划，明确自己的职业生涯方向。

安老师：你是否也处于这样的状态呢？是否在大一时感到困惑，在大二时像无头苍蝇似的乱撞瞎忙，到了大三依然迷茫，大四随便找份工作，干得不满意又有点绝望呢？归根结底，主要是因为他们都不知道该往哪儿走。为了不走弯路，一开始就要明确自己的目标。如果大学生在大学刚开始就做好职业规划，那么他们的大学生涯将会是职业生涯最好的铺垫。

小爱：我对职业生涯一窍不通，什么是职业生涯规划呢？

安老师：在定义职业生涯规划之前，我们先来探讨职业生涯这一概念。从时间的维度看，对于大学生来说，职业生涯从他上大学开始，直至退休；从内容的维度看，职业生涯并不仅仅包括个人的职业系统，还包括个人的社会系统和自我系统。所以舒伯说：职业生涯就是生活中各种事件的演进方向和历程，它统合了人一生中的各种职业和生活角色，由此表现出个人独特的自我发展形态。

再来看"规划"，这个词语传达出来的意思就像拿着圆规画一个圆一样。"规"就是要锁定一个圆点、中心或目标；"划"就是以目标为标准，划定范围，将与目标最重要的选出来，不重要的排除出去。

所以职业生涯规划就是，一个人结合自身条件和现实环境，确立自己的职业目标，选择职业道路，制订相应的培训、教育和工作计划，并按照一生发展的阶段实施具体行动以达到目标的过程。

职业生涯规划的核心是确立目标。哈佛大学在本校大学生中针对目标曾经做了一项调查：其中有清晰而长远目标的人只有3%，有清晰但是短期目标的人有10%，目标模糊的有60%，没有目标的有27%。10年后，哈佛大学对这些人再次做了一项调查，其中：有清晰而长远目标的人已成为行业领袖、社会精英，有清晰但是短期目标的人都生活在社会的中上层，而目标模糊的人处在社会的中下层，没有目标的人生活得很不如意。可见，目标对人的一生影响重大！有了目标，人才能把握未来；只有把握住了未来，才有可能做好当下的事。美国成功学家拿破仑·希尔在《一年致富》中这样说：一心向着自己目标前进的人，整个世界都给他让路。

职业生涯规划的关键是实际行动，即依照目标做好分阶段的计划并付诸实施。

【案例17】一位63岁的老人从纽约市步行到佛罗里达的迈阿密。经过长途跋涉，克服重重困难，她终于走到了目的地。有位记者采访了她，记者想知道，是什么力量让这位60多岁的老人徒步走完了全程。老人答道："走一步路是不需要勇气的，我所做的就是这样。我先走了一步，接着走一步，然后走再一步，就这样，我到了这里。"

安老师：人从生到死，大致要经历成长—求学—求职—求偶—求子这些关键的阶段。作为大学生，只有在求学阶段努力学习，脚踏实地，才能为下一阶段的求职积蓄更大的能量。所以，一个人如果做不好当下，也就把握不了未来，实现不了目标。

很多大一新生认为时间还有很多，就业离他还很遥远，他不必现在去做规划。其实，职业生涯规划越早越好，到了大一才开始做生涯规划，已经不早了。

二、职业生涯规划的方法

安老师：传统的职业生涯规划的方法如下：

（1）自然发生法：顺其自然，找到工作了就去工作，找到什么样的工作就做什么样的工作。

（2）目前趋势法：按照目前的国内就业形势，哪一种专业好就业，就学哪种专业。

（3）假手于人法：按照父母、亲朋的意见去规划，他们说什么就是什么。如果失败了，责任也在他人。

（4）最少努力法：哪种工作压力小、最好找，就以哪种工作为职业目标。

（5）拜金主义法：哪种工作最赚钱，就选择哪种工作。

（6）刻板印象法：根据自己对外在环境的刻板印象，认为哪个是热门行业，就选择读哪个专业。

（7）橱窗游走法：没有目标，今天做这个，明天做那个，最终一事无成。

可以说，这些传统的职业生涯规划方法都是不科学的，他们的通病就是在不了解自我、不了解工作的情况下，就匆匆做决定，这样的结果大多是遗憾、后悔。

系统的职业生涯规划是一个由内而外的过程，共有六个步骤：觉知与承诺—探索自我—探索职业世界—生涯决策—求职行动—再评估。这六个步骤并非一生做一次就可以了，人自身是在不断变化的，外部世界也是在不断变化的，要想做好职业生涯规划，就必须不断地重复这六个步骤，不断地修正自己的职业生涯规划，以达到人职匹配。

1. 觉知与承诺。

首先要知道什么是职业生涯规划，它有何意义。在这个阶段，当职业生涯规划的意识被唤醒之后，人们会很愿意花费时间来认真规划自己的职业生涯。

2. 探索自我。

这是一个深入认识自我的过程。要自问：

（1）我的兴趣是什么？

（2）我的性格有哪些特点？

（3）我愿意在工作中使用哪些技能？

（4）我最渴望从工作中获得什么？

（5）上述几个方面应该如何有效整合？

从兴趣、性格、能力和价值观的测评入手，树立评价自我的标准，也就是做到"知己"。

3. 探索职业世界。

职业世界的信息是职业生涯规划中重要的基础。获得充足的职业世界信息，能帮助自己发现更多的职业选择，也就是做到"知彼"。应了解以下信息：

（1）职业的分类和内容。

（2）具体职业对工作人员的要求。

（3）教育方面的选择。

（4）获取以上信息的方法有哪些。

4. 生涯决策。

生涯决策就是综合、评估各种信息，确定职业目标，也就是做到人职匹配。具体内容如下：

（1）选择与决定。

（2）综合与评估。

（3）目标设立与制订计划。

（4）处理决策过程中的各种问题。

5.求职行动。

虽然之前已经做了很多准备工作，但是最关键的还是将规划的目标落实到行动上。只有行动才能保证实现目标，也只有行动才能检验目标的可行性。在求职过程中、在工作中如果有了新的发现，就要适时地调整目标或者行动计划。要做好求职准备，学会制作简历，学习面试技巧。

6.再评估。

职业生涯规划这一过程将伴随人的一生。世界在变化，我们自身也会有变化，所以要以变化发展的心态对待职业生涯规划，要学习管理职业生涯，保持整个职业生涯的动态平衡。

【案例18】小孟大学刚毕业时是一名普通的业务员，每天四处推销厂里的产品。然而通过素质测评，发现其具有从事管理工作的潜能，于是小孟为自己设定了成为一名高级管理人员的职业目标，并制订了行动计划。他开始学习各种管理知识，并在实际工作中留心积累经验。他提出的改善业务流程与客户管理方式的建议被领导采纳后，一跃成为业务部门的副经理，不久又当上了经理。后来，他通过不断对其他领域的知识和技能的学习，终于成为一名高级管理人员。

可见，大学生通过职业生涯规划，可以了解自己，了解周围的环境，以便找到适合自己的职业，并不断地发掘自己的潜能，最终实现事业的辉煌。

【案例19】"我为什么总是找不到满意的工作？"去年初，小华坐在职业规划师徐教授面前，提出了这个一直困扰他的问题。

小华当时已33岁，已有11年的工作经验。他大学毕业后到广州一家国有企业"熬"了1年半，就跳槽去了一家美资生产企业，收入还比较高，但他发现自己不喜欢工厂。

小华的好朋友开了家市场研究公司，他感觉做市场研究很有意思，认为自己也应该做得好，于是就在这家市场研究公司做项目策划。在与广告公司的合作中，他发现做广告也挺有意思，而且业务的范围比市场研究公司大得多，于是去了一家广告公司。在接下来的4年里，小华总共去过7家广告公司，包括本土4A广告公司和欧美4A广告公司，做过客户经理、策划总监、常务副总经理。

在每家公司，小华都感觉得不到重用，自己的策划水平在广告界不是数一数二也应该是超一流的，但是，他感觉很有水平的策划方案经常不是被上司篡改，就是得不到客户的认可。

小华决定自己开广告公司，可以实现自己的想法和创意。刚开始公司业务还可以，但后来业务拓展越来越困难，亏损了十几万，最后不得不停业。

小华又不得不去打工。他总结教训，认定广告业业务很不稳定，不是一个好行业。他发现房地产很红火，自己做房地产策划也应该是擅长的。所以这次他专找房地产开发商和房地产策划代理公司。找了3个多月，终于找到一家著名的房地产策划代理公司做营销策划。他发现，自己的策划水平远高于同事，但与开发商、上司、销售部门的协调有难度。刚过三个月，小华就离开了那家公司。

现在，小华又面临着找工作，再找什么工作呢？做过几个行业，还是觉得市场研究最适合自己。但面试过几个市场研究公司，要么对方觉得自己年纪大，不适应市场研究的工作压力；要么对方认为小华资历不够深，客户关系资源又很少，不适合负责一个项目组。就这样，堂堂一个重点大学的本科生，有着十几年的工作经验，连找一个普通的工作都困难，以致小华的家人责备他说："你有没有想过自己为什么总是在找工作？"

职业规划师徐教授说："你每换一个新工作，都是因为自己感兴趣，而且认为自己适合，等到真正做这份工作时才发现：自己虽然有兴趣，但并不适合；有时是适合自己的职业，但遇到挫折时又立即转向别的职业。所以你总是觉得没有找到满意的工作。"

很多人像小华这样，凭着自己的兴趣和感觉，不断地换公司、换行业，就这样摸索，没有确定的职业定位。到了30岁才发现，好的工作不容易找，就算愿意屈就普通职位，也因为年龄大等原因而失去很多的应聘机会。

小华在职业规划师的建议下，半年后开了间小公司，自己的理论优势得到充分发挥，开张仅三个月，业务就已经忙不过来了，利润虽然不算很高，但已远远超出打工时的收入。现在的小华，由里到外透出自信。

【案例20】一个贫困生的职业生涯规划书

徐东是某医学院在校学生，所学专业是预防医学。以下是他的职业生涯规划书。

职业生涯规划书

一、自我认知

通过人才测评分析结果以及本人对自己的认识、朋友对我的评价，我认真地审视了自己。

（1）职业兴趣：研究型，希望日后能从事科研方面的工作。

（2）职业能力：逻辑推理的能力相对比较强，信息分析能力也不错，比较喜欢处理复杂的事务，将复杂事物简化。

（3）个人特质：喜欢追求各种不同的目标，观察力强，工作自觉、热情，能够吃苦耐劳，主张少说多做，爱学习，喜欢独立工作。

（4）职业价值观：基于家庭经济条件差这个现状，首先考虑待遇较高的工作，对所选择的职业要有能从中不断学习并获得新知识的机会；当然，如果没有工资收入限制，我会先考虑自己最喜欢的工作，同时考虑这份工作是否能实现自己的目标或者自己的理想；最后，也考虑这份工作是否适合我去做，我的能力是否能胜任等一些相关的问题。

（5）胜任能力：

①能力优势：头脑灵活，有较强的上进心，逻辑推理能力比较强；相信自己行，能全神贯注，能够客观地分析和处理问题，对自己要求严格，经常制定目标。

②能力劣势：一件事做第二遍定会出错，做事过于理性，有严重的个人中心主义，有时听不进别人的劝导。

自我分析小结：

我认为自己有明确的职业兴趣及方向，有一定的能力优势，但是也有一定的能力劣势，所以要发挥自己的优势，尽力弥补能力不足之处。平时要多对自己的不足进行强化和训练，譬如，要多练习写作，多看一些课外书，拓宽自己的视野，等等。

二、职业认知与决策

1. 职业认知

（1）家庭环境分析：

家庭经济能力仅能维持正常的生活，我的学习费用为全额贷款。我父母的工作不够稳定，所以经济收入不稳定。家庭文化氛围一般，姐姐从医，妹妹还在上学，父母均未完成九年义务教育，但他们支持我们读完大学。

（2）学校环境分析：

我就读于医科大学，教学设施齐全，且比较先进，教学水平也较先进，只是学校更重视研究生，本科生不受重视；所在预防医学系虽不是全校最好的专业，但专业课的科目开设受到一致好评，就业率达到百分之百，教学质量高，师资雄厚。总的来说，还是不错的。

（3）社会环境分析：

我国人才的竞争日趋激烈，大学生就业难、失业率居高不下等，都使我们的就业环境看起来不容乐观，而现在大学毕业生渐渐增多，而且需求量逐渐饱和，有些地域还存在性别歧视，女性就业前景不是很好。不过，政府越来越重视预防医学专业，我也尽力提高自己的专业能力，以在千万应聘者中脱颖而出。

（4）职业环境分析：

在我国，由于预防医学为新兴专业，目前这方面的人才需求量很大，社会分工合理，前景不错，但也因此，专业知识技能不够完备，报酬也不高。

将来我希望进疾病预防控制中心（CDC）工作。预防医学目前还不够壮大，但就业范围比较广；现在的医药、食品、卫生等方面专业容易找工作，只是待遇不高，但国内此类高端人才及技术缺乏；经历非典、禽流感、甲流后，国家越来越重视预防，正提倡培养该方面人才，全国各地都逐渐设立CDC；现在自己多考些证，以便面对上述工作时更游刃有余。

2. 职业决策

综合前面的自我认知和职业认知这两部分的内容，我得出本人的职业定位的SWOT（SWOT分析法又称为态势分析法，它是由旧金山大学的管理学教授于20世纪80年代初提出来的，是一种能够较客观而准确地分析和研究一个单位现实情况的方法）分析如下：

内部因素：有进取心，有经济压力。

优势因素：头脑灵活，逻辑推理能力较强，具有创造力，认真，负责，有毅力，观察力强。

弱势因素：不喜欢模式化工作，具有个人中心主义，偶尔会有厌倦心理。

外部因素：家庭环境。

机会因素：新兴专业的工作岗位相对社会环境不断变化。

威胁因素：竞争激烈，就业形势日益严峻。

结论：

（1）职业目标：

我根据自己的职业兴趣和个人能力，最终希望成为一名预防医学专业的科研工作者。

（2）职业发展路径：考多种证—进科研院所。

三、计划与途径

1. 大学期间：2018—2023 年

（1）大四、大五学好各科专业知识，掌握预防医学的基本知识。

（2）大四前英语六级争取过 600 分，积极考托福，希望能用英语与外国人自由交谈。

（3）大四前考取全国计算机二级证书。

（4）大三开始业余学习韩语，希望能用韩语和商务伙伴自如沟通。

（5）假期实习，积累社会经验。

2. 大学毕业后的五年：2023—2028 年

（1）若考上研究生，则继续勤奋学习。

（2）考公务员。

（3）进科研院所。

（4）去国外留学，学习本专业，继续深造。

（5）去国外工作。

3. 长期计划

（1）在努力工作之余，不断学习各方面的知识，增长各方面见识。

（2）坚持锻炼身体。

（3）汲取他人优点，不断发现自己的不足，并不断地予以改正，不断提高自身的修养。

（4）扩大自己的交际圈，享受友谊。

第二章　相遇简单相处难

人在社会生活中，少不了沟通，少不了交流，人际关系的重要性不言而喻，良好的人际交往能力是搞好人际关系的前提。

良好的人际关系是人身心健康的需要。一个人如果处在关系融洽的人际关系中，一定心情舒畅，有益于身心健康。良好的人际关系能使人保持心情轻松、平稳，态度乐观。不良的人际关系可干扰人的情绪，使人产生焦虑、不安和抑郁。

良好的人际关系是人生幸福的需要。人生的幸福是构建在物质生活和精神生活的基础上的。良好的人际关系有利于营造优良的环境，使人的积极性、创造性得到发挥，能增加物质财富的生产，丰富人们的物质生活；良好的人际关系也使得人与人之间的交往渠道畅通，丰富人们的精神生活。

人际交往促进深化自我认识。在我们的交往活动中，有时候两方面的评价会有一定的差距，不少人会因此而产生烦恼。这就要求我们要善于调节两方面的评价，全面提高自己的综合素质，正确认识自我，找准自己的社会定位，扮演好自己的社会角色。

人际交往促进社会化进程。人际交往是社会发展的必然产物，也是社会发展的基本前提。没有人际交往过程中所形成的各种各样的网络关系以及人们所担当的各种各样的社会角色，社会就不成其为社会，发展也无从谈起。人际交往与我们密不可分，是我们生活的一部分，贯穿生命的始终。良好的人际交往能力是青少年社会化的起点，是青少年将来在社会立足的生存需要。

人际交往是实现人生价值的桥梁。人生的意义在于奉献。良好的人际关系能让我们掌握更多的社会信息，知道人民的生活需要，保持和人民大众的血肉联系，才能更好地为人民服务。

人际交往是人们日常生活中的重要组成部分，自我发展、心理调适、信息沟通、各种不同层次需求的满足、人际关系协调都与人际交往息息相关。良好的人际关系可以帮助个人在温馨、愉快的环境中工作、学习与生活。然而，高校当中一部分学生由于家庭、学校、社会及个人等多方面的原因，或多或少会存在自卑、焦虑、抑郁、冷漠、胆怯、敏感等人际交往问题，这些问题导致他们在人际交往中存在认知障碍、情感障碍、人格障碍、能力障碍等，在人际交往中表现出没有自信、不敢表达自己内心想法、人际交往被动等问题。

懂得人际交往的重要性以及如何提升人际交往的能力，是青年人增长才智、适应社会、认识自我、协调关系和战胜困难的有效途径之一，是成功不可或缺的因素。无论我们是否愿意，都不可避免地要与人交往，而交往的成败在很大程度上决定着我们人生的成败。

古希腊哲学家亚里士多德曾说过：只有野兽和虚无缥缈的神明能够独自生活，普通的人是不可能远离同类自己生活的。"狼孩"从小远离人群长大，但他们通常都活不长久，除非将他们带入人类社会来生活。只要你处于人类社会中，每天三分之二的时间都处于和他人的交往中，不论是言语、行为，还是情感。

对于当代大学生，他们的学习生活中人际交往占有重要地位，而在他们将来离开校园、走向社会后，人际交往也有着至关重要的作用。提升大学生的人际交往能力可以促进大学生在校期间的全面发展，同时使大学生毕业后能更好地适应现代社会生活，所以，高校对大学生人际交往能力的培养至关重要。

第一节　相逢一场，你来我往

【案例21】蓝凤（化名）是大三的学生，是学生干部，学习成绩优秀，但人际关系较紧张，不仅与寝室同学相处不好，就连班上的许多同学也无法与其正常交往。在同学们心目中，他是一个清高、傲慢的人，实在不好接近，虽然学习成绩优秀，但其他方面则不敢恭维。蓝凤也为此很头疼，只要是他主持的活动项目，同学们似乎都有意不参加，好像故意和他作对，而他本人长期坚持的做人准则就是：我行我素，万事不求人。他几乎不接受别人的帮助，也认为自己没有帮助别人的义务，他成绩好，可每当班上同学向他求教时，他要么说不知道，要么就在给别人讲完之后，将别人奚落一顿，有时还要加上一句："拜托你上课时认真听讲，下次不要再来问我这么简单的问题了。"时间一长，同学们都不愿意与他交往，他的人际关系越来越差。蓝风也对自己的人际关系十分不满意，有时孤独感令他窒息，他焦虑甚至恐惧，但不知如何入手改变现状。他自己也纳闷：我究竟有什么问题？

图2-1　人际交往的苦恼

安老师：蓝风的人际关系不佳的重要原因就在于他是一个不懂得接受更不知道给予的人，在他的观念里，每个人只要做好自己的事情就足够了，没有给予与接受的意识。他最终将失去支持，生活在自己孤独的世界里，痛苦不堪。不懂得接受与给予，不仅影响良好人际关系的建立，而且还会影响心理健康。

良好的人际关系能让大学生学会分享、接受和给予，这是心理健康的基本心理条件。不会分享与分担是这一代大学生在特殊的成长背景中极易形成的负性品质，也是造成他们在人际交往中受挫的重要原因之一，在各学段的教育中，我们能明确地感受到青少年存在的分享与分担的问题。良好的人际关系能够让大学生在良性的人际氛围中，充分体验与享受交往带来的快乐，并乐意将自己的快乐与交往对象分享，进而学会分担与体验交往对象的痛苦，并产生同感与共情，积极帮助交往对象解决问题，重新找回失去的快乐。分享是一个很重要的品质，尤其对心理健康发展有着特殊的意义。

学会接受与给予，有助于良好人际关系的建立，相反，良好的人际关系，更能使大学生体验到接受与给予的乐趣，养成接受与给予的良好心理品质。

小爱： 安老师，我最近和室友发生了不愉快的事情，我很不开心，甚至影响了我的学习和健康，书看不下去，晚上想到这些事情也睡不好觉，为什么会这样呢，我是不是该搬出去住？

安老师： 人际交往可是你们在大学里必须要学习的一门课哦！学得好，你可能如鱼得水；学得不好，那可就寸步难行了。你会有这些不好的感觉十分正常。因为，大学生在人际交往中遇到的问题对大学生生活及学习状态等方面具有巨大的影响力。这些影响主要表现在：

（1）人际交往影响大学生的生理和心理状况。处于青春期的大学生，思想活跃、感情丰富，人际交往的需要极为强烈。但面对新的环境、新的对象和紧张的学习生活，使得一部分学生心理矛盾加剧。一般来说，具有良好人际关系的大学生，大都能保持开朗的性格、热情乐观的品质，从而正确认识、对待各种现实问题，化解学习、生活中的各种矛盾，形成积极向上的优秀品质，迅速适应大学生活。相反，如果缺乏积极的人际交往，不能正确地对待自己和他人，心胸狭隘，目光短浅，则容易形成精神上、心理上的巨大压力，难以化解心理矛盾，严重的还可能导致病态心理，如果得不到及时的疏导，可能形成恶性循环而严重影响身心健康。

（2）人际交往影响大学生的情绪和情感变化。大学生正处在人生的黄金时期，在心理、生理和社会化方面逐步走向成熟。但在这个过程中，一旦遇到不良因素的影响，就容易产生焦虑、紧张、恐惧、愤怒等不良情绪，影响学习和生活。实践证明，友好、和谐、协调的人际交往，有利于大学生对不良情绪和情感的控制和发泄。

（3）人际交往影响大学生的精神生活。大学生情感丰富，在紧张的学习之余，彼此之间需要进行情感交流，讨论理想、人生，诉说喜、怒、哀、乐。人际交往正是实现这一愿望的最好方式，是他们心理正常发展、保持个性健康和具有安全感、归属感、幸福感的必然要求。

每个人生命的主宰其实就是自己，大学生要针对自己人际交往中存在的问题，结合自己的个性特点，以积极的态度和行为对待人际交往，找到合适的方法培养自己的人际交往能力，逐渐学会交往，建立和谐的人际关系，将有助于自身的健康与发展。人际交往能力较弱的个体常表现出诸如焦虑、空虚、压抑、抑郁等不良情绪，严重者甚至出现自杀倾向。

小志：听起来似乎有些道理，看来人际交往无时无刻不在我们的生活中，不仅不能被忽视，还要好好去经营。那么对我们大学生来说，什么才算是真正的人际交往呢？

安老师：在当代西方哲学中，当属哈贝马斯对"交往"问题论述得最深入。他指出，交往是因为人必须与他的同伴组成群体才能够生存，彼此要互相沟通才能实现相互理解。在现代社会中，交往是指个体之间或个体与群体之间通过信息的传递、情感的表达以增进彼此之间的相互关系的客观物质性活动。它是人们有意识进行的一种实践活动。

人类具有群居的本能，因此，人类社会的存在和发展离不开人际交往。人际交往是个体最基本的需要，是构成人类活动的基础。人们在社会活动过程中，相互接触、交换信息、交流感情，以此来增进友谊、互相合作，从而达到精神慰藉，实现自我价值，增强社会群体的凝聚力。俗话说："天时不如地利，地利不如人和。"这里的"人和"指的就是人与人交往时的和谐程度。就"人际交往"的概念来说，是指个体之间及个体与群体之间为了达到一定的目的，运用语言和非语言等方式联系和接触他人，使彼此在心理和行为上相互作用、相互影响。一方面，它是人们之间的物质交换和信息沟通的桥梁；另一方面，它是人们之间的情感纽带。

人际交往按交往个体和交往群体的相互关系来划分，可以分为个体间的交往、个体与群体的交往和群体间的交往；按交往的情感状态划分，又可以分为自卑型情感交往、自负型情感交往、结合型情感交往和分裂型情感交往。

社会学将人际关系定义为人们在生产或生活活动过程中所建立的一种社会关系。心理学将人际关系定义为人与人在交往中建立的直接的心理上的联系。人与人交往关系的总称，被称为"人际交往"，包括亲属关系、朋友关系、学友（同学）关系、师生关系、雇佣关系、战友关系、同事关系及领导与被领导关系等。人是社会动物，每个个体均有其独特之思想、背景、态度、个性、行为模式及价值观，然而人际关系对每个人的情绪、生活、工作有很大的影响，甚至对组织气氛、组织沟通、组织运作、组织效率及个人与组织的关系均有极大的影响。

小爱：听了您上面的分析，原来人际交往还这么大有学问啊！我的高中闺密跟我诉苦说她和现在的室友们"处不来"，大家都"不懂她"。她越是那么觉得就越排斥与人交往，容易形成人际交往的"恶性循环"。那么，您能告诉我，怎样的人际交往才是良性的？大学生在人际交往中要注意什么原则呢？

安老师：大学生在人际交往中一定要谨记一些基本原则，才能确保人际关系的"良性"发展。这些原则包括：

（1）尊重原则。尊重包括两个方面：自尊和尊重他人。自尊就是在各种场合都要尊重自己，维护自己的尊严，不要自暴自弃。尊重他人就是要尊重别人的生活习惯、兴趣爱好、人格和价值。只有尊重别人才能得到别人的尊重。

（2）真诚原则。只有以诚待人，才能产生感情的共鸣，才能收获真正的友谊。没有人会喜欢虚情假意，多少夸夸其谈都会败下阵来。

（3）宽容原则。在人际交往中，难免会产生一些不愉快的事情，甚至产生一些矛盾、冲突。这时候，我们就要学会宽容别人，不斤斤计较，正所谓"退一步海阔天空"。不要因为一些小事而陷入人际纠纷，这样我们会浪费很多时间，同时也会变得自私自利，变得很渺小。

（4）互利合作原则。互利是指双方在满足对方需要的同时，又能得到对方的报答。人际交往永远是双向选择、双向互动。你来我往，交往才能长久。在交往的过程中，双方应互相关心、互相爱护，既要考虑双方的共同利益，又要深化感情。

（5）理解原则。理解是成功的人际交往的必要前提。理解就是我们能真正地了解对方的处境、心情、好恶、需要等，并能设身处地地关心对方。有道是"千金易得，知己难求"，人海茫茫，知音可贵啊！善解人意的人，永远受人欢迎。

（6）平等原则。与人交往应做到一视同仁，不要嫌贫爱富，不能因为家庭背景、地位职权等方面原因而对人另眼相看。平等待人就不能盛气凌人，不能太嚣张。平等待人就是要学会将心比心，学会换位思考。只有平等待人，才能得到别人的平等对待。

（7）信用原则。"言必信，行必果""人，无信不立""言而无信非君子"。

要取信于人：第一，要守信，言行一致，说到做到；第二，要信任，不仅要信任别人，而且要争取赢得别人的信任；第三，不轻易许诺；第四，要诚实，答应别人的事要尽量做到，做不到的要讲清楚，以赢得对方的理解；第五，要自信，给别人以信赖感和安全感。

小志：感谢安老师的分享。那么，影响大学生人际交往的因素是不是也有很多呢？哪些是正向的、增进人际吸引的积极因素呢？

安老师：的确，影响大学生人际交往的因素有正向和负向两个方面，只有清晰了解才能在人际交往过程中扬长避短。首先，是增进人际吸引的积极因素，包括：

（1）邻近性因素，指人与人在时间、空间上的临近性。比如大学生有时举办"同乡会"，它为同乡之间交往提供了一个可行的平台，使人们可以在交往过程中相互认识、相互磨合，从而形成一定的人际关系。

（2）相似性因素，又称为类似性因素。俗话说："物以类聚，人以群分"，"君子合而不同，小人同而不和"，说的就是这个道理。现实生活中，大学生总是愿意和自己志趣相投的人交往。因为有共同的语言，有相同或相似的情绪体验，使彼此的思想、感情和行为得到强化，从而产生共鸣，导致相互吸引。

（3）补偿性因素，又称为需要的互补。大学生正处于青年的初期，需要一个人能够倾听自己的心声，这是大学生建立人际关系所追求的目标。因此，需要的互补是将人际交往联系在一起的最强有力的纽带。需要的互补是多方面的，包括人与人之间在个性特征上的互补和互嵌。这种由于需要上的互补而产生的人际吸引是现实社会中最普遍、最基本的模式之一。

（4）仪表的魅力。尽管不同时代、不同民族、不同文化传统下的人对美的认识不同，但置身于美的环境总会令人赏心悦目，感到愉快。因此，人的仪表魅力也是增进人际吸引的因素之一。

（5）个性品质或人格特征。人在现实人际交往中所表现出的行为倾向性、人格、气质、能力等个性品质，影响人际关系的建立与发展。有些个性品质容易导致人际吸引，诸如：助人为乐、坦诚无私等行为倾向，就有利于良好的人际关系的建立、维系和发展。

（6）情景因素。它是指社会环境、自我环境、心理环境三方面。大学生大多都是第一次远离家乡，往往在互帮互助中得到认同，这就形成了人际吸引。

上述增进人际吸引的积极因素，往往是几种因素共同发生作用。因此，协调好各个因素的作用，可以形成良好的人际关系。

小爱： 的确，这些因素会增进交往双方的关系。那么，人际交往中有哪些负向的、阻碍人际吸引的消极因素呢？

安老师： 阻碍人际吸引的消极因素也有很多，例如：

（1）信息沟通阻碍。能否顺畅地进行人际交往，关键在于能否通畅地沟通。大学生从不同地区而来，会在言谈中自觉不自觉地带上方言，可能在一定时间里无法顺畅沟通，但过一段时间彼此就适应了。

（2）情感冲突。情感是人积极活动的心理动力源泉。排斥性情感使人与人之间互无交往的愿望，因而也就谈不上彼此的吸引和良好关系的建立。已经建立良好关系的双方，倘若在以后的交往中产生情感的冲突，也会给双方的关系罩上阴影。因此，"伤树莫伤根，伤人莫伤心"，一定要注意人的感情因素，使之成为增进人际关系的积极因素。

（3）需要的不满足。寻求需要的满足是人的行为动机，也是人进行交往、建立人际关系所追求的目标。因此，"需求饥饿"是阻碍人际吸引和良好关系建立的重要因素。

（4）利益冲突。根本利益上的不一致，甚至根本利益上的冲突也是阻碍大学生人际交往的不利因素之一。

（5）态度和价值观相悖。态度是一种直观的心理状态，它会直接反映到人际交往行为中。态度和价值观的不一致，使交往双方对彼此的思想、情感和行为方式有不同的理解，从而影响大学生人际交往关系，成为阻碍大学生人际吸引的因素之一。

（6）个性品质或人格特征。人在现实人际交往中所表现出的行为倾向性、人格、气质、能力等个性品质，影响人际关系的建立与发展。有些个性品质则容易阻碍人际吸引，诸如：道德败坏、自私自利、虚伪狡诈等行为，则不利于人际关系的建立和融洽。

我们从上述两方面了解影响人际关系的诸要素，可以使我们更好地去考察周围的人际关系，了解其性质和变化情况，有意识、有目的地加强自身修养，提高对人际关系的认知和协调处理的能力。

小志：我们在以后的人际交往中一定会注意这些因素的，尽量扬长避短。安老师，那我们在人际交往中会有怎样不同的心理状态呢？

安老师：在人际交往过程中难以避免产生某些心理效应，我可以为你梳理一番，让你做到心中有数。

（1）首因效应。在人际交往活动中，我们会很重视开始接触到的信息（包括容貌、语言、神态等），至于后面的信息就显得不是那么重要了，这种心理称之为首因效应。首因效应启迪我们一方面要给他人留下良好的第一印象，另一方面又要在以后的交往中纠正对他人第一印象的不全面的认识。

（2）近因效应。近因效应是指一次交往的印象对我们的认识所产生的影响。一次交往留下的印象，往往是最深刻的印象。一般而言，熟人之间的交往，近因效应会发挥较大的作用，因此，我们平时应该注意给人留下良好的印象。

（3）光环效应。光环效应又称晕轮效应，是指在交往的过程中，我们往往会从对方的某个优点而泛化到其他有关的方面，由不全面的信息而形成完整的印象。光环效应往往对恋爱的双方起更明显的作用，正所谓"情人眼里出西施"。

（4）投射效应。投射效应是指在交往的过程中，我们总是假设他人和自己有相同的倾向，即把自己的特性投射到他人身上，从而形成对他人的印象。有时候，我们对他人的猜测，无形中透露的正是自己的行为习惯。所以，我们不要猜测他人，不要小心眼。

（5）刻板效应。刻板效应是社会上对于某一类事物或人物的一种比较固定、概括而笼统的看法。在人际交往中，我们有时会把对某一类人物的整体看法强加到该类的每一个个体上而忽视了个体特征。刻板效应有利于总体评价，但对个体评价会产生偏差。比如，农村来的同学认为城市来的同学见识广，而城市来的同学认为农村来的同学见识狭隘。

小爱：感觉真的太"涨知识"了！人际交往也像一门课程一样需要我们好好去学习。安老师，我还有一个问题想要咨询您。请问大学生在人际交往中容易遇到哪些不良心态呢？

安老师：大学生在人际交往中确实会遇到的一些不良的心态。这些不良心态包括：

（1）怯懦心理。主要见于涉世不深、阅历较浅、性格内向、不善言辞的人。由于怯懦，在社交中即使自己认为正确的事，经过深思熟虑之后，仍不敢表达出来。

【延伸阅读】
人际交往能力小测试1

（2）自卑心理。有些人容易产生自卑感，甚至自己瞧不起自己，缺乏自信，办事无胆量，畏首畏尾，随声附和，没有自己的主见。这种心理如不克服，会磨损人的独特个性。

（3）猜疑心理。有些人在社交中，往往爱用不信任的目光审视对方，无端猜疑、捕风捉影、说三道四。如有些人托朋友办事，却又向其他人打听朋友办事时说了些什么，结果影响了朋友之间的关系。

（4）逆反心理。有些人总爱与别人抬杠，以证明自己标新立异。对任何一件事情，不管是非曲直，你说好，我就认为坏；你说对，我就说它错，使别人对自己产生反感。

（5）做戏心理。有些人把交朋友当作逢场作戏，朝秦暮楚，见异思迁，处处应付，爱吹牛，爱说漂亮话，与某人见过一面，就会说与某人交往有多深。这种人爱做表面文章，因而没有感情深厚的朋友。

（6）冷漠心理。有些人对各种与己无关的事情冷漠看待，不闻不问，或者错误地认为言语尖酸刻薄、态度孤傲，就是"个性"，致使别人不敢接近自己，从而失去一些朋友。

（7）贪财心理。有些人认为交朋友的目的就是为了"互相利用"，见到对自己有用、能给自己带来好处的朋友才交往，而且通常是"过河拆桥"。这种贪图财利、沾别人光的不良心理，会使自己的人格受到损害。

第二节　交往困扰，探本求源

【案例22】男生程东（化名）来自安徽偏远山区，家庭经济条件困难，但从小天资较好、学习刻苦，终于如愿以偿地考入某重点大学。到了学校，与来自全国各地的同学在一起，他突然产生了强烈的自卑感。曾经在高中班级里，程东出类拔萃，成绩数一数二，深受老师重视；而来到大学，他发现身边的同学不仅成绩上毫不逊色，其他方面也比他优秀：他不太会使用计算机，不懂足球和网络游戏，英语发音不纯正……

程东认为，既然没有什么特长和爱好，那就放弃参加各项课外活动，拒绝参与学生会和社团组织，以免露拙；既然跟别人比起来自己就像个"书呆子"，显得那么格格不入，那就干脆少与其他人往来，以免惹人嘲笑。因此，程东一心只想通过优异的成绩证明自己，将自己封闭在自我的小世界里，铆足了劲去学习，平时除了睡觉、吃饭和上课，几乎都泡在图书馆里看书，每天过着寝室、食堂、教室和图书馆"四点一线"的生活。可是令程东不能忍受的是，即便如此，期末考试他却是成绩平平，连奖学金也拿不到。在班级里，他的人缘不好，渐渐被同学们"孤立"……这让程东很苦恼，不知道自己做错了什么。

经过谈心谈话，辅导员了解到程东的问题是大学生人际交往过程中典型的"自卑"问题，这也是大学生人际交往过程中常见的一种问题。大学生作为同龄人中的佼佼者，容易把未来设计得过于完美，而现实社会中的各种客观条件，会妨碍理想的实现。对这一客观事实认识不足，就会引起认知上的矛盾，从而严重影响大学生的心理状态和人际交往状态。有的大学生在客观现实面前，能调整自身的认识，正确处理好人际交往问题，积极融入集体，积极与人交往，重新树立起自己的人生目标，使之符合客观现实的要求；而有些大学生则企图逃避与现实的矛盾和冲突，逃避社交，出现消沉、颓废、苦闷、抑郁等问题，或耽于玩乐、放纵，以此来麻痹自己。

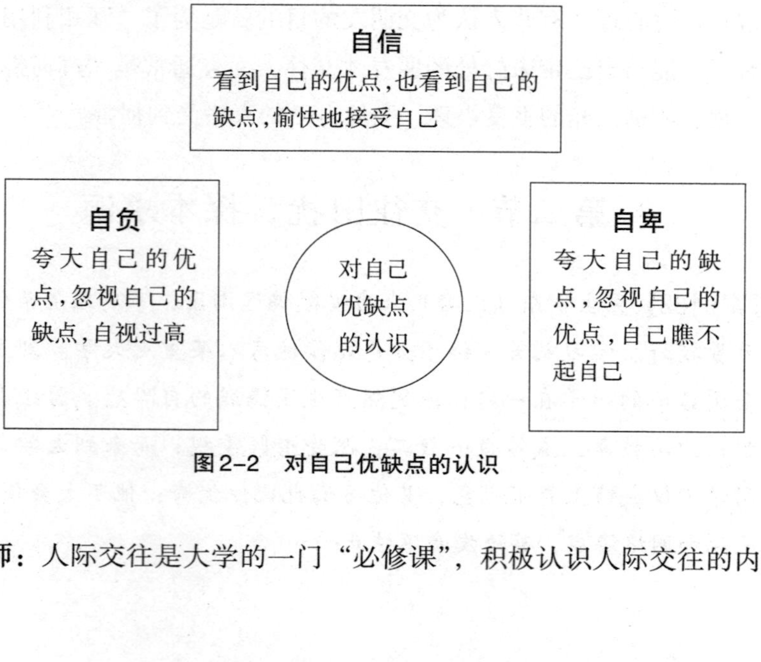

自信

看到自己的优点，也看到自己的缺点，愉快地接受自己

自负

夸大自己的优点，忽视自己的缺点，自视过高

对自己优缺点的认识

自卑

夸大自己的缺点，忽视自己的优点，自己瞧不起自己

图2-2　对自己优缺点的认识

安老师：人际交往是大学的一门"必修课"，积极认识人际交往的内涵和

重要性，积极端正态度提升人际交往能力，才能在大学里真正获得成长。

小爱：安老师，案例中的程东同学家庭经济困难，虽然学习很刻苦、努力，但是进入大学后渐渐感到了和别人的差距，从而产生人际交往问题，我们身边是不是也存在很多这些现象啊，又有哪些具体表现呢？

安老师：你的话没错！这种现象有一定普遍性。我们每个人都处在一定的社会环境中，与人交往是每个人生活的一部分，构建和谐的人际关系是人类社会发展的需要，也是每个个体成长的需要。在高校当中，每个人的社会背景、家庭教育、个人性格等方面都不一样，在面对问题和处理人际关系的时候所表现出来的态度也不相同，很多大学生甚至连寝室小范围的人际关系都处理不好。

（1）生活差异。在个人的价值观中，家庭经济困难的学生对金钱比较看重且表现为异常节约，在寝室节约用水和用电，他们甚至不愿意参与同寝室组织的集体活动以节约用钱。另一部分同学对此却不在意，这就使得价值观念出现了差异。久而久之，家庭经济困难的学生与其他同学之间的交往变得少了，就显得孤僻。

（2）自卑心理。因为经济原因，家庭经济困难的学生可能在语言、个人才华等方面和他人存在一定差距，这也就使得他们在一些活动、比赛中遇到挫折后，觉得自己不如别人，遇上类似的情况就开始逃避，甚至对别人的话对号入座，总觉得别人眼中的自己很差劲，开始自怨自艾。

（3）焦虑心理。家庭经济困难的学生比较拮据，在平时的生活中对于每一件涉及金钱的事情都比较看重，想参加集体活动但是不舍得花钱的矛盾心理尤其突出，一方面想和大家打成一片，一方面又觉得会浪费钱；一方面忧心自己不参加集体活动会和同学疏远，一方面又不知道采取什么方式去和同学友好相处。

（4）虚荣心理。家庭经济困难的学生自小或者在初高中时期就接受着这样或者那样的资助，进入大学以后，这部分学生同样渴望得到帮助，但又不愿意让别人知道自己的难处；也有些同学甚至把资助的钱用于购买名牌服装、高档化妆品等，希望通过这些行为来掩饰自己与他人之间的差距，殊不知这正是不能面对现实、自欺欺人、有虚荣心的表现。

小志：您说的这些的确很准确。那么，造成这些现象的原因有哪些呢？

安老师：造成他们人际交往困境的原因较为复杂，有社会原因、家庭原因和学生本人的因素。

（1）囊中羞涩让家庭经济困难的学生无法正常与人交流。大学是社会的雏形，大学的人际交往也有社会人际交往的特点。为了沟通，大学生尤其是大学新生经常会组织出游或聚餐以便增加彼此交往的机会，家庭经济困难的学生常因无法凑份子钱而较少参加甚至不参加集体活动，减少与他人交往的机会。他们因此自卑，吃饭时怕别人笑话而独自去食堂，上街时怕别人看不起而不结伴，严重影响他们与同学之间的交往。

（2）教育的差距让家庭经济困难的学生与人交流没有共同话题。家庭经济困难的学生绝大多数来自农村或城市的边缘，他们上大学前接受的教育绝大多数只有书本知识，学习好成为他们唯一的优势，他们几乎没有爱好、知识面窄、思想不够活跃，除了书本知识，他们很少与其他人有共同话题。知识的缺乏使家庭经济困难的学生在与人交往时产生严重的自卑心理，不愿与人交流。

（3）环境对家庭经济困难的学生人际交往的影响。随着我国高校规模的不断扩大和国家资助大学生相关政策的落实，家庭经济困难的学生进入大学已不再是梦想，但大学生间的贫富差距也越来越大。家庭经济困难的学生看到同宿舍或同班同学有足够的钱来消费，坦然享受着时尚产品，而自己却连学费和基本生活费都难以保障，尽管自己平时很节俭，极力从事勤工助学工作，但还经常会为生活费发愁。不同的生活水平使家庭经济困难的学生感到心理不平衡，自卑感油然而生，以至于他们很难与其他同学拥有共同语言，很难参加同样的活动，日积月累，关系逐渐冷漠，甚至难以相处，产生敌对情绪。

（4）自身错误认知对家庭经济困难的学生人际交往的影响。与经济条件较好的同学相比，不少家庭经济困难的学生感到自己的知识面、仪表、人格魅力、交际能力等方面处处欠缺，常常会有一种强烈的自卑感，表现为与人交往时被动、羞怯，过多地考虑别人对自己的看法和态度，压抑自己的言行，不能很好地与人交往。还有些家庭经济困难的学生由于害怕得不到同学较好的评价，担心自己的言行会显露自己的不足，往往在与人交往时瞻前顾后，不敢去做自己想要做的事，不敢说自己想要说的话，不敢表达自己想要表达的意见，认为自身除了学习认真外没有任何优势，在与人交往时怯怯懦懦，让人感到不真实、不自然，影响了与别人的交往。这种在自我认知中缺乏自信的现象，不仅会影响人际交往，而且会影响家庭经济困难的学生在其他方面获得成功。因此，自我认知不当严重影响了家庭经济困难的学生正常的人际交往。

小爱：安老师，这些学生的人际交往问题有客观因素，例如经济因素、家庭环境的制约，同时也有个体方面的原因。我们是否可以尝试着从个体方面探究原因，从而帮助他们解决这个问题呢？

安老师：你说得没错，有时候根本原因往往来自内因。我们不妨深入分析一下这些学生人际交往问题产生的个体原因。

（1）认知因素。认知因素包括三个方面，即自我认知，对他人的认知和对交往本身的认知。自我认知会影响人际交往中的自我表现，对他人的认知会左右对他人的态度和行为，对交往本身的认知会影响交往的目的、广度和深度。人际交往是双方彼此满足对方的心理需要的过程，不能只考虑自己的感受而忽视对方的需要，否则会引起交往障碍。家庭经济困难的学生在人际交往中因缺少自信，考虑自己的感受较多，因而容易出现认知障碍。

（2）情感因素。人际交往中的情感因素，是指交往双方相互之间在情绪上的好恶程度、情绪的敏感性、对交往现状的满足程度以及他人的评价态度等。人际交往中的情感表现应该适时适度，随客观情况的变化而变化。不良情感反应会影响交往。比如，交往中反应冷漠，对常人认为可因之而喜、怒、哀、乐的事情无动于衷，会被他人认为麻木、无情、不宜交往；情感反应过于强烈，不分场合、对象地恣意纵情，别人会觉得你轻浮不实；情感不够稳定、变化无常也会让人觉得你不宜交往。家庭经济困难的学生缺少交往的经验，在交往中难以把握好度，容易产生交往中的情感困惑。

（3）人格因素。人格因素对人际交往有至关重要的影响。一些不良的人格特征，如虚伪、自私自利、不尊重人、报复心强、嫉妒心强、猜疑心重、太过苛求、自卑、自傲、孤独、固执等，会给别人留下不愉快的感受甚至产生一种危险感，会影响人际交往。因此，好的人际交往离不开双方的人格品质，不管是哪一方出问题，都会影响交往的效果。

（4）能力因素。交往能力欠缺是影响人际交往的原因之一。有些人交友愿望强烈，然而总感觉没有机会；有些人想表现自己，却出了洋相；有些人想关心他人，但不知从何做起；有些人想赞美他人，可怎么也开不了口；有些人想调解他人的矛盾，可好心经常办坏事；等等。人际交往的能力不是固定不变的，可以通过有意识的锻炼来提高，关键要多进行交往实践。对于家庭经济困难的学生来说，交往能力是他们的弱项。

小志：安老师，人际交往问题真的会给我的学习、生活带来很大的影响，那么大学生在人际交往中会存在哪些问题呢？

安老师：当代大学生的人际交往问题主要分为以下几种类型。

第一种类型是以自我为主型。这种类型的大学生在与人交往的时候往往以自我为主，以自我为优先，通常仅考虑自己的利益、想法、意愿和要求。他们在强调自己感受的同时，往往忽略他人的想法。具体表现为：与他人交往的时候，说话做事不顾及他人想法，往往喜欢高谈阔论，不喜倾听，他人说话的时候随意插嘴，如果自己心情不好，有的还会说尖酸刻薄的话，甚至将不满迁怒于人。

第二种类型是自我封闭型。这种类型的大学生不喜与人打交道，在人际交往的过程中通常表现为：不愿意让别人了解自己，将自己的真实想法、情绪和心理隐藏起来，人为地在自己与他人之间设置一道阻碍。这类学生通常给人的感觉是孤傲、内向，只关注自身体验。还有的学生虽然会与他人交流、交往，但由于各种原因，与其他人不能发展成为更亲密的关系。这种类型的大学生遇到问题通常都选择自我承担，不寻求咨询、慰藉和帮助。

第三种类型是功利性交往。这种类型的大学生在与人交往过程中，会带有许多目的、想法，希望通过与人交往，实现自己的目的和想法。虽然作为一个社会人，追求个人的利益是可以理解的，但是这类大学生在交往的过程中表现过度，目的性过强，过于算计得失，不肯吃亏，与人交往表现虚伪，给周围人带来非常不好的感受。这类大学生通常给人感觉势利，心机过重。

第四种类型是妒忌猜疑型。这类大学生在与人交往的过程中对人信任感极低，不轻易相信人，通常还会设置假想敌，个人安全感低，容易人云亦云，批判对方。人只是一个普通的社会个体，任何人都会有自己的情绪，面对繁杂的社会人事，人们难免会有嫉妒之心。许多调查表明，适度的嫉妒心可以转化为动力，努力向别人学习，促人积极向上。但有的大学生嫉妒心过重，不能容忍别人超过自己或者比自己优秀，在日常的学习生活中，对他人取得的成绩贬低、嘲讽，或者尽可能寻找他人的负面消息；当自己取得成绩的时候又不可一世，骄傲自满，同时又担心他人赶超。这类大学生心理不健康，过度的嫉妒甚至会使许多大学生犯下错误。

【延伸阅读】
人际交往能力小测试2

因此，大学生在人际交往的过程中会产生一些问题是常见的事情，不应该逃避，而要积极地直面、了解和解决。

第三节 尊重悦纳，和谐共处

【案例23】小志，男，大三学生，出身农村家庭，生活较为困难，性格较内向，学习刻苦，成绩在班中名列前茅，立志要考上研究生。小锐，男，和小志是同一班级、同一宿舍的同学，出身城市家庭，性格开朗，喜欢和同学交往，学习成绩一般，也准备考研究生。两人进入大学以来一直在同一宿舍居住，关系比较好，但因为一些小事情两人之间产生了矛盾。

一天，小志要到学校5号教学楼自习室学习，小锐对小志说："帮我占个座位，我一会也去学习。"小志应声而去。小志到自习室后，用课本占了一前一后两个座位，自己坐在后面的座位上学习，等小锐到达教室后，看两个座位一前一后，有点不高兴，小志马上解释说："来时已经有很多人了，没有挨在一起的座位，就占了这两个。"小锐就对小志说："我们一起到图书馆学习吧。"小志说："在这学习挺好的，我不去了，要去你去吧。"小锐到了图书馆后，占到了两个挨在一起的座位，打电话叫小志过去一起学习，小志坚持说自己想在教室里学习，不去图书馆了。小锐说："你是不是不愿意和我一起学习？"小志说："我还是觉得自己学自己的比较好。"这事引起了小锐对小志的不满，小志心里也很不舒服。到了晚上，在宿舍里小锐又找小志借手机充电器，小志正在学习，就把充电器顺手扔给小锐，可不巧的是，充电器正好打在小锐的脸上，小锐的脸被充电器划破了，而且出了血，同宿舍的同学马上拿出了创可贴给小锐贴上。小锐认为小志是故意的，勃然大怒，冲着小志大骂，并要求小志经济赔偿。小志解释说自己不是故意的，就是破点皮，不需要赔偿，这事在舍友的劝说下，暂时结束了。到了第二天，两人又开始了手机短信交战。小锐坚持要经济补偿，小志说这点伤不值得赔偿，而且自己已经道歉了，小锐说不赔偿今后没朋友可做，小志说不做朋友更好。小志又说，自己算了算大学三年交往中，一起吃饭大概欠小锐80多元，给他100元两清了，而且马上给了小锐100元。小锐还是对小志不满，说要小志等着，要灭了他。小锐身材魁梧，小志身材瘦弱，这让小志心里很害怕、很紧张，所以整夜未眠。

我们知道，轰动全国的云南大学凶杀案，主犯马加爵就是由于与同学产生了一些小矛盾而走上杀人的道路。这件事不得不引起我们的思考，要认真对待大学生之间的矛盾，尤其是人际交往的矛盾。如果得不到及时教育和引导，两名学生很难摆脱人际关系的烦恼，甚至有可能走向犯罪。针对小志和小锐的矛盾冲突，如果只是换宿舍，是逃避问题的表现，并不能真正解决问题，他们两人之间的矛盾仍将长期存在，而且对小志精神上也将产生不好的影响。正视问题，让他们找到处理和解决人际交往危机的方法与途径，真正进行和解才是解决问题的最佳途径。

图2-3　寝室关系座谈会

安老师：大学生应学会建立良好的人际关系，以积极的态度和行为对待人际交往，从而形成和谐宿舍、和谐班级、和谐校园。

小志：安老师，我们知道，人际交往中的矛盾往往只是因为一些小事而起，那么，您能否向我们透露一些人际交往的小秘诀呢？让我们在以后有秘诀，不害怕！

安老师：当然可以啦！大学生在人际交往中，一定要注意以下几点：

（1）感情愉悦。大家彼此喜欢和对方交往，并能从交往的过程中有所收获，交往就能以良性循环的方式进行下去。如果交往变成了负担，变成了没有意义的纯粹是浪费时间的活动，那这样的交往不会长久。感情愉悦往往作用于交往的前期。

（2）价值观相似。交往的过程中，彼此的价值观相似，不仅可以得到支持和共鸣，而且可以预测对方的行为倾向，这样，双方就比较容易适应。价值观相似到了交往的后期起很大的作用，很多人因为价值观的分歧而最后分道扬镳。

（3）慎重给人提建议。不要在别人没有征求意见的时候提建议，有些人会拒绝采纳建议，无论这些建议有多好，或者你的初衷有多高尚，如果你坚持这样做，你和他之间的关系就会受到影响。不要再把时间和精力浪费在试图解决别人的问题上，这也包含你的配偶、朋友和工作上的伙伴，这种试图解决他们的问题的做法，就好像在说他们没有能力做好这件事。对于主动提出建议这种行为，智者不需要，傻瓜不采纳。当有人来向我征求意见的时候，我先弄清楚他希望得到什么样的建议，然后再向他提出建议。向人们提供他们希望的建议，这可能是一种解决那些实际上并不重要的问题的好策略。

（4）善于倾听。这一点很关键。在与别人交流的时候，仔细、认真地听别人说话，你就能够很准确地理解和领会别人想要表达的思想以及说话的目的，这样你就能够准确地表达自己的思想、观点，能够很好地与人交流和沟通，达到事半功倍的效果。

（5）换位思考。做什么事都要换位思考，遇到事情时，不妨站在对方的角度去思考问题，从对方出发，想想我们这样做对方会如何想，会引发什么样的后果，这样我们就能够把事情做到最佳。假如对方是领导，就更应该注意这一点。养成这样的思维习惯，在处理很多问题上，就能轻松自如，恰到好处。

小爱：听起来很厉害的样子！但是这些秘诀似乎有点太"高大上"了，具体应该怎样做呢，安老师能否给一些"干货"呢？

安老师：既然你们这么好学，那我就教你们一些人际交往中用得着的"干货"吧！其实一些简单的技巧就可以为你打开人际交往新世界的大门，让你的人际交往有不同于以往的体验。

（1）交谈的技巧。一次成功的交谈不仅取决于交谈的内容，更多的是取决于交谈者的神态、语气和动作等。同样的一句话，用不同的语调说出会有不同的效果。所以我们在交谈的时候要表示自己的友善之心，不要盛气凌人。同时，不要没完没了说个不停，应给别人说话的机会。不能随便打断别人的谈话，忽视别人的感觉。

（2）聆听的技巧。聆听也是一门艺术。聆听需要我们耐心倾听，同时要做出适当的反应。这时应注意集中精神、表情自然，经常与对方交流目光，适当赞同地点头，或是用微笑来表示你很乐意倾听。这样，别人才更有信心继续讲下去。如有疑问，我们也可以提出一些富有启发性的问题，这样，对方会感到你对他的话很重视。

（3）"3A"法则。美国学者布吉林等人曾经提出在人际交往中把对别人的友善通过三种方式恰到好处地表达出来的"3A"法则：

第一个 A（Accept）：接受对方；

第二个 A（Appreciate）：重视对方；

第三个 A（Admire）：赞美对方。

（4）目光接触。目光接触是人际间沟通的一种非语言交往。"眉目传情""暗送秋波"等词形象地说明了目光在人们情感的交流中的重要作用。在沟通过程中，听者应看着对方，表示关注；而讲话者也应时刻关注听者的反应，讲话者说完最后一句话时，应将目光移到对方的眼睛。这是在表示一种询问："你认为我的话对吗？"或者暗示对方："现在该轮到你讲了。"

（5）微笑。微笑来自快乐，它带来的快乐也会创造快乐，它是人际交往中最重要的催化剂之一。大学生在与人交往的过程中，微微笑一笑，双方都能从发自内心的微笑中获得这样的信息："我是你的朋友。"微笑虽然无声，但是它包含许多意思：高兴、欢悦、同意、尊敬。作为一名充满朝气与活力的青年大学生，请你时时处处把"笑意写在脸上"。

小志：哇，这些秘诀可都是"干货"啊，我一定牢牢记住。我的朋友们有时会说我"情商低"，总说一些不该说的话、做一些不该做的事，我自己常常也很懊。您能跟我盘点一下人际交往中都有哪些禁忌吗？我以后好注意。

安老师：沟通顺畅，办事也会非常顺利；可若出言不当，则可能埋下心结。以下我总结了交往中容易犯的若干错误，你可以对照着看一看自己在人际交往中有没有这些问题，有则改之，无则加勉。

（1）在和他人谈论问题时一定要弄个是非曲直、非此即彼。朋友在一起说话是为了交流，不是搞什么辩论会，针尖对麦芒只能恶化朋友间的关系。有的时候，给一个中性态度也是不错的，比如"哦，我知道了"或者"是呀，还真没想到"或者"能不能把详细情况给我讲一讲"。其实别人跟你说话，有时候无非是想诉诉衷肠，不是要跟你辩出个子丑寅卯。这个时候，你静静地听着就是了，如果一定要说，就像上面讲的那样，说几句中性话，足矣。

（2）跟他人一聊起来便喋喋不休。一旦你说个没完没了，不给人家一丝一毫的空间，人家就觉得自己是一个局外人，就对你的"演讲"毫无兴趣。时间久了，你就成了一个不受欢迎的人，没人愿意跟你在一起谈天说地。倾听是一门艺术，有时候静静倾听所能达到的社交效果，远比你一个人喋喋不休要好。一方面，通过倾听你能收集到自己想要的消息；另一方面，通过倾听你能获得别人的信任，拉近彼此的距离。

（3）总想着去说服别人接受自己的观点或者意见。现如今，信息传递快速无比，谁也不比谁知道得少，因而不少人都有一种潜意识，那就是"我不比谁差"。大家在一起，如果总有人试图去说服别人，其他人肯定会觉得很不舒服，如果你在某个问题上是一个公认的权威则罢了，否则会引起他人的厌恶情绪。

（4）喜欢发号施令。避免这一点还真有些不容易，特别是对于有点强势的人来说，更加容易对别人发号施令。人与人之间的关系，除了下属和必要情况，没人愿意听你指挥，任由你差遣。朋友之间是平等的，就算你再有能力，如果不懂得尊重别人，那你的能力也发挥不出优势。

（5）喜欢装模作样或者不懂装懂。不论是在学习还是社交当中，不懂装懂是很让人鄙视的。如果你不懂，大大方方地说出来，别人兴许会欣赏你的坦诚，也乐意把你不懂的告诉你。但如果你不懂装懂，不仅错过了学习的机会，在内行看来，你有几斤几两人家心里清楚，继续装只会让人尴尬，也给人留下了虚伪及爱慕虚荣的印象，得不偿失。

小爱：安老师，感谢您的耐心解答。但是在现实生活中遇到问题的时候往往没有人可以去咨询，很多时候还是要靠自我调节。请问我们在人际交往中遇到以自我为中心的问题时，应该如何去自我调节呢？

安老师：的确，在人际交往过程中遇到的各类问题大多需要自己进行调节，我可以跟你分享一些自我调节的小方法，供你参考。

关于以自我为中心的问题，我想告诉你，其实偶尔的以自我为中心是交往中的正常现象，是无害的，但是如果以自我为中心形成了一个人稳定的性格特征，那对人际交往是有百害而无一利的。如前所述，以自我为中心的大学生，唯我独尊，好高骛远，有时想法不切实际，总是从自己的想法和利益出发，从不考虑别人的感受，自尊心过分强烈，他们一旦在交往中无法得到满足，就会大受打击，走向另一个极端——自卑，甚至自我封闭。

改变以自我为中心的方法：一是要善于接受别人的意见和批评。与别人相处时，不要居高临下、自吹自擂、夸夸其谈，要给别人留有说话的空间，善于听取别人的意见；自己做错了事就要勇于承认，勇于接受别人的批评；别人对你提出意见时要虚心接受，不要固执己见；不要自以为是，多站在别人的角度想问题。二是要与别人平等相处。这要求以自我为中心的人不过分苛求别人，也不冷眼看人，对自我有一个正确的认知。以一颗平常心和一个普通人的身份与别人相处，要有一颗宽大的心，能包容别人的缺点，同时也能承认别人的长处，能够求同存异、取长补短。只要做到这两点，相信大学生在人际交往中就能建立良好的人际关系。

小志：安老师您分析得很对，但是我发现包括我在内的很多大学生存在情绪控制力比较差的问题，容易产生情绪，容易被激怒，有时候还会伤害到身边亲近的人，请问这种问题要如何解决呢？

安老师：大学生是个特殊的群体，在人际交往中难免会产生矛盾，但并不是所有的矛盾都能转化成冲突，关键看你的情绪控制得如何。如果过于激动，情绪控制力差，就容易使矛盾激化，演变成冲突。因此，大学生要学会调控好自己的情绪。

首先，要学会自我暗示，要暗示自己不要冲动。发怒无益，要学会忍耐，保持冷静。当发生矛盾时，忍耐和冷静有助于想出更好的解决问题的办法。

其次，进行深呼吸，能增加血液中的氧，有助于很快放松心情。简单快速浅呼吸只能导致心跳加快、肌肉紧张，会增加压力感。正确的呼吸方法是放松腰带，双手扶下腹，均匀平缓呼吸。大家想想，为什么篮球运动员在罚球前都会做一个深呼吸。

再次，遇事要坦然自若。要认识到困难是生活的一部分，遇到困难不要抱怨，不要怨天尤人，这样只会增加压力。要正视困难，仔细分析造成困难的客观的因素，冷静寻求解决办法。

最后，要合理宣泄。控制情绪不等于压抑自己，使积怨加深。要采取积极的态度，学会合理宣泄。如我们可以通过运动、读小说、写日记、听音乐、看电影、看电视、找朋友谈心来宣泄，也可以用在适当场合大声喊叫或痛痛快快大哭一场的方式来释放心中郁闷。当然，调控情绪的方法不止这些，大学生可以根据自身的实际情况来掌握情绪调控方法，培养调控能力，才能有助于人际交往的顺利进行。

小爱：安老师，我发现自卑心理在人际交往中的一个表现往往是戒备，这些人难以融入集体，难以跟他人敞开心扉，常常很难有一个良好的人际关系，对吗？

安老师：你说得有一定道理，但并不全面。戒备心理不完全因为自卑，其实戒备心理的产生是对人不信任、缺乏自信、受过挫折等原因造成的。在人际交往中适当的戒备是正常的，以免上当受骗。但是如果戒备过当就会影响人际交往的顺利进行。因此，大学生要进行戒备心理的自我调适。

第一，要辩证地、全面地看待别人。对别人的评价要全面、客观，不能因为一点小错误就将其全盘否定，也不要因为一个人得罪你，你就觉得所有人都不好，都不可靠，这样只会让你失去更多交往的机会。

第二，要培养自信心。做事要相信自己的能力，要时刻相信自己能做好，要相信在人际交往中能够取得成功。最后，要坚强，遇到挫折要坚忍不拔，要有克服困难的决心。经受挫折，要及时总结经验教训，不要害怕，不要气馁，勇往直前。

小志：原来是这样，我懂了！安老师，我们班的学习委员做事情非常认真、踏实，但是她只喜欢自己埋头干事情，不善于与人沟通，也不喜欢和人交流。久而久之，大家有事情也不太愿意找她，这次班委换届选举，她也因为票数太少落选了。我猜一定是因为她不善于沟通导致人缘太差，你觉得她应该如何调试呢？

安老师：这位学习委员在人际交往中的确有沟通不良的问题。沟通不良会影响人际交往的顺利进行。大学生的沟通不良主要是由于缺乏人际交往的技巧造成的。在人际交往中如果羞怯、封闭或者过于自负都会引起沟通不良。大学生在人际交往中的羞怯主要表现为与人说话表情不自然、不敢抬头正视别人、脸红、腼腆、动作忸怩等，甚至回避交往，久而久之就会产生不想与人交往的想法，最终走向自我封闭，容易造成交往双方的误解和矛盾，使得人际沟通不良，人际交往也无法正常进行。

首先，不要过多地在意别人对自己的评价。在人际交往中总会受到别人的评价和议论，要放平心态，不要过于敏感，不管别人是肯定你还是否定你，都应将其视为一种动力，当作对自己的促进。

其次，要主动参加人际交往，给自己更多的锻炼机会。在交往中锻炼自己的胆量，使拘谨变得自然，最终走出羞怯、走出封闭。

最后，掌握更多的语言技巧。语言是人际沟通的载体，正确地运用语言艺术会使人际交往达到事半功倍的效果。总之，掌握语言技巧和沟通技巧，才能有助于提高大学生的交往能力。

小爱：常常听人说某某"人缘好"，听起来就很让人羡慕，觉得这些人都是"人见人爱"的。那这种"人见人爱"的"体质"是与生俱来的，还是后天"修炼"的呢？我如何让自己有好的"人缘"呢？

安老师："好人缘"的养成要从自身做起，从改变自己开始。

（1）正确地认识自己。

每个人都有优点和缺点，大学生必须要全面、客观地认识自己，并找准自己的定位。在自己所处的环境里，一旦发现问题应及时调整，使自己能够较好地融入集体。

（2）优化自己的性格。

外向的性格有利于人际交往和心理健康，具有心理障碍的人大多数是因为内向、孤僻。所以，较内向的学生要树立正确的人生观、价值观，积极参加集体活动和社会实践，学会主动与人交往，在交往过程中让自己的性格逐渐活泼、开朗起来。

（3）提高人际交往的技巧。

大学生人际关系障碍产生的直接原因是缺乏人际交往的技巧。大学生要掌握人际交往的理论和技巧，并将其运用到实际交往中。学会塑造自己，学会倾听，注意表达，关怀他人。

【延伸阅读】
良好的人际交往是大学生的必备能力

（4）包容和互相尊重。

我们在现实中经常由于各种原因而导致不能理解别人。但当你换位思考时，就会了解别人的所言所行，获得许多从未有过的理解，便会觉得和别人心理上的距离缩短了。

第四节　摒弃自卑，自信人生

【案例24】小张是大一新生，性格较内向，从来没有住过校，进大学后与7名同学同住。在条件优裕的环境中成长的他，看不惯的是同寝室同学不良的卫生习惯，更不喜欢他们混乱的作息时间，尤其不喜欢他们的"高谈阔论"。总之，小张看谁都不顺眼。由于内向的他本来就不擅长与人沟通，再加之看不惯那些同学，于是，小张就独来独往，尽量减少与同学们的交往。时间一长，他发现寝室同学说说笑笑、进进出出都结伴而行，似乎视他不存在，他开始感到失落了，孤独感油然而生。小张曾经多次萌生过主动与他们交往的念头，可都事与愿违。他回寝室时总觉得同学们都在议论他，对他评头论足，还窃窃私语，一副嘲笑、鄙视的模样，他觉得受不了了，想过换寝室，但没有得到批准。为了不和他们交往，他很少回寝室，只有睡觉时才回去，即使这样避开他们，似乎还是没有减少他们对自己的议论与不满。他开始失眠，食欲下降，精神状态越来越差，身体急剧消瘦，话越来越少，甚至连笑声都很少听见，他感觉到听课的效率也越来越差，最后终于病倒了。在住院期间，寝室同学轮流守护在病床旁，看到那些平时让自己反感透顶的同学都忙着照顾他，送水喂饭，他的心被震撼了。他把内心的苦闷与孤独告诉了他们，才知道原来一切都是自己"想"出来的，同学们只是觉得他不愿与他们交往，并不知道由此引发了他内心如此大的震荡。

安老师：许多大学生同小张一样在交往中表现出一种社交回避，对即使不得已而发生的人际交往也常常感到苦恼、自卑，无法感受到人际交往的乐趣，再加之缺乏成功的人际交往的经验与技能，处理交往过程中的问题的能力得不到充分的锻炼，造成交往的恶性循环。

图2-4　大学生自卑的烦恼

小爱：安老师，我身边的老师和同学常常评价我是个内向的人，其实我只是比较慢热，害怕被人很快了解、看穿，暴露出各种问题。如何去解决这个问题呢？

安老师：其实在大学生群体当中，像你这种情况的人不在少数，有句歌词里有"外向的孤独患者"，其实就是反映了当下很多青年人看似外向，实则有一颗孤独、内敛的心，许多想法总是"不足为外人道"。如果你想试图改变这种状态，敞开心扉去与人交往，可以做下面一些尝试：

第一，提高自己的自信，任何时候都要相信自己的能力，要坚信自己能行。一个充满自信的人会给人好感，也会让人想要去结识你。带着这份自信尝试着和别人交往，你会有意想不到的收获。

第二，尝试着去改变一下自己。不管你在家或生活中是怎么样的，但在学习或工作中不可能不和人交流或不与团队合作，不要想着让人去迁就你，要让自己去试着融入一个大家庭，如果一味由着自己的性子，到任何地方可能都不会受欢迎的。

第三，尝试着去寻找新的处事方法。虽然这种社交恐惧症在较短的时间内会很难改变，但只要你勇于去尝试，就一定行。平时可以向同学或同事学习他们与人交流、谈话的方式方法。

第四，乐于助人，在平时的工作生活中，多为你身边的人提供自己力所能及的帮助，会增加别人对你的好感，也会使你很快融入别人的圈子，这样就会很自然解决你的交际困难。

第五，多和性格外向的人接触，让他们的性格慢慢地影响你，同时也多观察他们的交往方式，没事的时候多去请教他们有什么心得和技巧，看看有没有值得自己借鉴之处。

第六，以诚待人是人际交往中很容易获得别人好感的方法，人是感情动物，要想获得别人的真心相待，就必须先以诚待人，只要自己多一点主动、多一点热情、多一点真诚，就不怕交不到朋友。

小志：安老师，我们之前聊过的很多例子或多或少都有自卑情绪在作祟，我想了解一下，如何通过自我调节的方式来缓解这种心理呢？

安老师：自卑心理的确是大学生人际交往中一个不容易被关注到的"毒瘤"，要引起我们的重视。自卑心理的产生主要是由于生理、心理上的缺陷或对自己的认识不足缺乏信心造成的，要想调节自卑心理，大学生要做到以下几点：

第一，要全面地、辩证地看待自己，正确地认识、评价自己。不仅要如实地看到自己的短处，也要恰如其分地看到自己的长处，切不可因自己的某些不如人之处而看不到自己的过人之处。

第二，要提高自信心。当你在做一件事之前应有勇气，坚信自己能干好，但在具体执行时，应考虑可能遇到的困难。这样即使你失败了，也会由于事先在心理上做了准备而不致于造成心理上的大起大落，导致心理失调。自卑的人一般都比较敏感、脆弱，经不起挫折的打击。因此应当注意，要善于自我满足，知足常乐。在学习上，目标不要定得太高。适宜的目标，可以使你获得成功，这是一种最好的激励，有利于提高自己的自信心。之后，可以适当调整目标，争取第二次、第三次成功。在不断成功的激励中，增强自信心。

第三，要学会正确地归因。不能因一次失败，就认为自己能力不行。殊不知这次失败的原因很可能是多方面的，不一定是能力不足造成的。

第四，适当地改变性格。人们都说，江山易改，本性难移，认为自己的性格是无法改变的，其实不然，性格在一定程度上是可以改变的。当今的社会，性格内向的人在交往中是要受到限制的。因此，大学生要多参加一些社交活动，在活动中多发言，使自己变得外向，只有如此，才能在人际交往中取得更多的成功。

小爱：我发现许多案例中的大学生遇到的人际交往问题都是因为自卑心理造成的，那么产生这种心理的原因是什么呢？

安老师：影响大学生人际关系的一个重要因素就是大学生的自卑心理。

然而自卑心理产生并非毫无缘由，正视原因才能帮助我们更好地认清问题的本质。

产生自卑心理的原因有很多，但从它产生的本质来看，其实就是比较过程中自身产生的心理落差。主要包括以下几个方面：

（1）家庭方面的影响。大学生来自各种各样的家庭，家庭经济情况也不一样，有些来自普通工人、农民的家庭，他们觉得自己在社会地位和经济方面都不如别人。在这种自卑心理的驱使下，他们害怕跟别人交往，经常表现出犹豫和恐惧，担心在跟别人交往的过程中，会被看不起，因而会越来越孤僻，从而跟老师、同学的交流越来越少，人际关系越来越糟糕。

（2）自身方面的影响。由于每个人在成长过程中的生活背景、生活经历或多或少都会存在一些差异，所以会直接导致他们在生长发育、智力、文化素质等方面存在差异。大学的课外活动是丰富多彩的，在进行课外活动的过程中，有些大学生发现，自己在活动中起不到什么作用，言谈举止方面不如别人，组织活动方面也不如别人，于是就形成了自己比不上别人的想法，从而一碰到问题就不太敢出头，总是默默地选择退缩，从而就大大减少了跟别人交流的机会。

（3）挫折方面的影响。有些大学生对自己要求严格，给自己制定的目标过高，在真正实践的过程中，由于经验不够丰富，对社会的认识不深，从而暴露出他们的许多不足。当他们觉得实现目标变得步履维艰的时候，就会产生强烈的挫败感。同时，在自尊心的强烈驱使下，当再次面对带有竞争性的活动时，就会缺乏挑战精神，产生自卑心理。

（4）心理失调方面的影响。大学生的自卑心理，归根结底是来源于跟别人的比较。主要有三个方面的问题，一是对自己的认识问题，无法做到正确认识和正确评价自己，总是觉得自己各个方面不如别人，在这种思想的驱使下，就很难融入人群中，从而显得人际交往能力不足；二是成长过程中的问题，从小形成的自卑心理日积月累，长大后更加不敢跟别人交往，自卑感越来越强烈；三是心理方面的问题，有些大学生对自己不够自信，只看到自身存在的不足，看不到自己身上的闪光点，从而自卑感越来越强烈。

小志：我总算是全面地了解了自卑心理产生的原因了，那么这种心理在我们大学生人际交往中会带来哪些问题呢？

安老师：的确，大学生的自卑心理会给人际交往带来很多方面的影响。例如：

（1）自闭。由于自卑心理而自闭的大学生，不喜欢跟别人交流，不知道怎么跟别人相处，把自己锁在封闭、狭窄的空间，每天都生活在自己的世界里，把人际关系看得很复杂，总是不愿意去接触别人，时间久了，人际关系就会变得很僵硬。

（2）嫉妒。内心自卑的大学生，在比自己厉害的同学面前，有时难免会心生嫉妒。在看到别人取得成功的时候，对别人冷嘲热讽，不认可他们的成功，久而久之，大家就会不敢靠近他们，渐渐地，人际关系就会变得紧张。

（3）敏感。内心自卑的大学生很容易会因为别人的一两句话而不开心，幼小的心灵很容易受伤，因此别人很不理解。同时，自卑的大学生很在意别人对自己的看法，会因为别人对自己做出不好的评价而闷闷不乐。所以，自卑的大学生很难交到真正的朋友。

小爱：安老师，我的表弟在人际交往中常常也表现出不自信，甚至是自卑情绪。我很想帮我的表弟，也帮更多在人际交往中有自卑心理的大学生向您请教，如何克服这一问题呢？

安老师：通过了解，你应该很清楚自卑心理其实是人际交往中一种很常见的心理，但又是我们不容忽视的。那么，如何消解自卑心理，使你的表弟，也使更多有自卑心理的大学生走出自卑的桎梏，飞向自信的天空呢？这里可以提供一些建议供你参考。

（1）树立崇高的理想信念。阿德勒曾提出："奉献乃是生活的真正意义。"他希望个体能够超越自我，超越个人的私利，把自我与世界统一起来，而不是以自我为中心。大学生应该认真学习社会主义核心价值体系，树立正确的世界观、人生观和价值观，通过知识的积累和学识的渊博来拓展自己的视野，树立崇高的理想；通过对社会现象和社会问题的了解和体悟，形成一种对国家和社会的责任意识和奉献精神，在为他人服务中获得快乐。崇高的理想是人前进和发展的不竭动力，大学生应该在奉献中证明自身价值，并在努力取得他人和社会的认可中悦纳自己，消解自卑心理。

（2）积极的心理暗示。错误的自我认知是造成大学生自卑心理的认知根源。因此，要消解自卑心理，就需要拉近自我认知与真实自我之间的距离，形成正确的自我认知。存在自卑心理的大学生，其自我认知往往低于真实自我。因此在感到信心不足时，可以通过积极的自我暗示，注意自我调节，将消极体验对自我发展所带来的不良影响降到最低，增强战胜困难的信心和勇气。同时，也要把这种心理暗示落实到具体的行动中去，避免"纸上谈兵"，要在社会实践中认识真实自我，不断锻炼自己各方面的能力，从而摆脱自卑，树立自信。

（3）培养和塑造坚强的意志品质。挫折在很多时候是导致自卑心理形成的诱因，大学生要积极进行自我归因训练，正确分析自己所遇到的失败和挫折的主客观原因。虽然有些失败和挫折是由于某些不可改变和无法抗拒的客观因素造成的，但有时也是由于自己所设定的期望值过高造成的。因此，大学生应调整好理想自我与现实自我之间的差距，在综合分析客观条件的基础上形成恰当的期望值，并在此基础上，不断地战胜困难和挫折，在磨炼中激励自己，成为一个自信、坚强的人。

【延伸阅读】
"好人缘"小测试

第三章　阳光总在风雨后

　　励志、自强是奋发向上的品质，是事业成功的基础，是中华民族自强不息精神的体现。中国是一个拥有五千年历史的文明古国，有着数千年领先世界的辉煌，也有近代落后、挨打的屈辱。无论是辉煌还是屈辱，中国人民从来没有放弃过励志与自强。励志、自强是信念、是坚守，更是战胜困难的勇气。

　　励志就是要有"白日不到处，青春恰自来"的信念。苔虽然生长在常年不见天日的地方，显得那么柔弱，但它仍然执着开放，即便无人问津也毫不在意，这份力量正是源于"青春恰自来"的信念。这种信念埋藏于每个人的内心深处，它可能像唐代诗人王昌龄口中战士们"黄沙百战穿金甲，不破楼兰终不还"那样豪迈，也可能像周恩来同志儿时立下的"为中华之崛起而读书"那样远大而富有责任感。无论是哪种信念都值得尊重，都让原本的柔软变得坚强和充满力量。

　　自强就是要有"苔花如米小，也学牡丹开"的坚守。苔花如米小，但终会开放，它并没有因环境恶劣而放弃，并没有因没有牡丹艳丽而自惭形秽。这份生的意向，将自己最美的瞬间展现给世人，正是坚守的结果。这份坚守是那么难能可贵。孟子曰："富贵不能淫，贫贱不能移，威武不能屈"。正是有这份对道义的坚守，才涌现出邓稼先、李四光这样老一辈科学家，让中华民族能够屹立在世界之林。李白《行路难》中"长风破浪会有时，直挂云帆济沧海"，这句话是在逆境中仍然对美好生活向往的坚守。虽然对大多数人而言，坚守更多是平凡的、平淡的，但这一份份坚守汇聚出来的是美好的未来。

　　知易行难，明确了什么是强大、什么是坚强，并不等同于自己能够战胜弱小与退缩，更重要的是要有坚守信念的勇气。"青年兴则国家兴，青年强则国家强。青年一代有理想、有本领、有担当，国家就有前途，民族就有希望。" 对于贫困学子来说，物质上的贫乏、家庭上的重担让现实变得更加复杂，但是请不要因此而放弃梦想，"穷且益坚，不坠青云之志"，这份勇气更加宝贵。对于贫困学子来说，因为生活的压力，像摄影、舞蹈、音乐、出国留学这些美好的向往，追求起来显得那么遥远，但请不要因遥远而放弃追求。自强本身就是不屈服命运的安排，不放弃自己人生更好的可能，愿意延迟满足，只要够努力，幸福一定会来敲门。

无论是国家的发展，还是个人的成长都会遇到坎坷和挫折。励志让我们在坎坷中不至于迷失方向，自强让我们在挫折中不至于放弃希望。

第一节　励志自强，源远流长

【案例25】汪同学出生在大别山区一户普通的农民家庭，从小就患有先天的肢体和语言障碍。祸不单行，5岁时，汪同学的左眼意外划伤，手术后的左眼经常发炎，疼痛难忍。他10岁那年，病情严重恶化，左眼失明发胀，不得不摘除眼球，从此，汪同学只能通过义眼来掩盖面部的缺陷。上了中学，在老师和同学的鼓励下，汪同学抛开自卑和别人的嘲笑，慢慢开朗起来，在高考时以班级第二的好成绩考入大学。进入大学后，汪同学努力学习，珍惜来之不易的学习机会，多次获得奖学金。此外，他还积极参加各种比赛和文体活动来锻炼自己，并且作为入党积极分子参加党校学习，成为班级第一批发展对象之一。汪同学还充分利用各种机会帮助同学，帮助那些和他一样"慢"的伙伴们：作为学院党员助教服务队的一员，汪同学组建班级学习小组，在提高自己的同时为班级同学服务；作为班级生活委员，汪同学热心为同学服务，从生活的点点滴滴中关心着同学们；作为向日葵志愿者服务队的负责人，汪同学积极参与到校社共建的各项活动中，把服务从校内做到校外……

谈到自己的经历，他总是说："在人生的跑道上，'慢'不是'快'的反义词。只要有坚定的信念并愿意付出更多的努力，'慢'终究可以成为'快'的伙伴！"

图3-1 汪同学在班级学习小组为同学服务

安老师：励志奋进，自强不息。汪同学虽然"慢"，但是仍像倔强的蜗牛一样，一步一步向着梦想的方向坚持不懈地前行。

小志：安老师，我前不久看了一部电影叫《当幸福来敲门》。电影主人公的故事催人奋进，让我不禁思考，到底什么是励志？

安老师：一提到励志，人们往往联想到的就是满满的正能量。这其实就要从"励志"的含义说起。"励志"一词最早在南朝谢灵运的《述祖德诗》中出现，"惠物辞所赏，励志故绝人"。这首诗是谢灵运叙述祖父谢玄功德的诗，在谢灵运看来，励志是一种高尚的品行。

从字面意义上来看，"励志"由"励""志"两个字组成，"励，勉力也"，多指劝勉、奋发、激励、磨炼之义。我们所熟知的司马迁《报任安书》中的名言："盖西伯拘而演《周易》；仲尼厄而作《春秋》；屈原放逐，乃赋《离骚》；左丘失明，厥有《国语》；孙子膑脚，《兵法》修列；不韦迁蜀，世传《吕览》；韩非囚秦，《说难》《孤愤》"就是对"励"最好的诠释。励是一种磨炼，也是不断克服困难，挑战自我的行为。所以无论是在西周还是春秋时期，无论是周文王推演《周易》还是孔子在穷困中编写《春秋》，这些先贤所创作出的留世佳作都是在经历了一番痛苦和磨难后才有所成就的。

志，为志向，心之所向。"志，从心之声"（《说文解字》）。志者，心之所指也。志是一种志向，是一种追求。北宋理学家张载在《张子语录》中说："为天地立心，为生民立命，为往圣继绝学，为万世开太平。"其实说的就是数千年来知识分子的志向和追求。志是一种方向，是一种追求。

两者合二为一，"励志"就是激励自己，追求自己的志向，实现自身的价值。

小爱：原来"励志"有这么深刻的内涵，那么，经常伴随它一起出现的"自强"又是什么意思呢？

安老师："自强"一词见于《周易》："天行健，君子以自强不息"，体现的是一种积极向上的人生态度，是一种不困于他人或环境，不轻言放弃，用不断的奋斗来克服种种困难的精神，更是我们渊博、深厚的民族精神的一个重要组成部分。

这种精神其实深植在每个人的心中，因为自强是通过不断磨砺得来的。并不是只有楷模才能称得上自强，恰恰相反，那些之前有过迷失、彷徨甚至犯过错误的人，如果能够幡然醒悟更是一种自强的表现。"人谁无过？过而能改，善莫大焉。"廉颇的负荆请罪成就一段"将相和"的佳话。"古人贵朝闻夕改，君前途尚可，且患志之不立，何忧名之不彰"，周处除三害的典故广为流传，至今京剧中仍保留着《除三害》剧目。

因此，"自强"就是脚踏实地，改过自新，一步一个脚印，最终实现崇高的理想。

小志：那么励志、自强之间存在什么样的联系呢？

安老师：其实，励志与自强是一个问题的两个方面，是内在辩证统一的关系。自强是励志的目的，励志是自强的动力，励志通过不断地克服困难、激发自我达成自强的目的。

第一，自强是励志的目的。自强这种品质不是生来就有的，更不是凭空想象的，它其实是在日益激烈的竞争环境下，人和所处环境产生的发展的需求。一个人为了不被社会淘汰需要自强，一个国家为了不落后于其他国家也需要自强。这种需要有不同层次，从基本的生存到终极价值的实现。这种需求来源于客观实际，这种需求也正是励志所追求的。

第二，励志是自强的动力。在达成自强的过程中总会遇到这样或者那样的困难，稍不坚定或者稍有犹豫就会放弃原有的目标。这个时候就需要励志来鼓舞自己，激发自己的潜能，保持一种积极的、向上的心态。当出现消极的、悲观的和其他负面因素的时候，就需要通过不断的磨砺来抵御甚至消除这些不良的因素。

"宝剑锋从磨砺出，梅花香自苦寒来"，"有志者，事竟成"，这些流传下来的名言警句，其实告诉我们一个道理：励志、自强是走向成功的关键。

小爱：我听安老师这么一说，觉得励志、自强源远流长。那么，我想知道古人是怎么认识励志、自强的呢？

安老师：励志与自强作为精神品质，不是凭空出现的，它所反映的内容与时代是紧密相连的，是当时所处的生产水平、经济基础、社会文化的集中反映。

在原始社会，人类励志、自强的意识便开始产生。原始社会是人类社会发展的第一阶段，生产力极其低下是原始社会的典型特征。社会生产主要依靠石器，劳动方式也仅仅是简单的协作。正是由于生产力的低下和社会经济发展的缓慢，人们对大自然的认识非常有限，对洪水、地震、干旱等正常的自然现象充满了恐惧，这个时候人们的精神寄托主要是来源于对祖先和神灵的崇拜。他们无法科学地解释自然现象的产生，认为这一切都是神灵的力量，所以出现了"女娲补天""精卫填海""夸父追日"这样的神话故事。但这些神话中所蕴含的往往是百折不挠的顽强毅力和意志。这个时期人们对励志、自强的认识主要表现为对生的渴望和求生的勇气。

在封建社会，人们对自强和励志的内涵有了进一步的丰富。在封建社会，随着生产力的发展，人们通过劳动所产生的生产资料在满足生存所需之外，产生了富余。这个时候已不再是原始社会的平均主义，出现了贫与富的差异，也出现了不同的阶层。简单来说，封建社会出现了农民和地主两个阶层。为了维护社会的运转，人与人之间的关系很大程度上依赖于封建道德，而封建社会道德的核心就是"忠君报国"。三国时期诸葛亮《后出师表》中的"臣鞠躬尽瘁，死而后已"一句流传至今。刘备去世，后主刘禅继位，诸葛亮为不辜负刘备的托孤，更加勤勉，大小事物事必躬亲，赏罚严明；外结盟好，缓解蜀国的压力；实行屯田政策，加强战备。为实现一统的志愿，前后六次北伐中原，终因积劳成疾，于蜀建兴十二年（234年）病逝五丈原，享年54岁。诸葛亮尽职尽责，堪称励志的典范，其实诸葛亮这种励志行为也是忠君的表现。"驾长车，踏破贺兰山缺。壮志饥餐胡虏肉，笑谈渴饮匈奴血。待从头、收拾旧山河，朝天阙。"岳飞的一首《满江红·写怀》道出了他对中原重新陷入敌手的悲愤，对恢复河山的志向和心愿。岳飞率领岳家军同金军进行了大小数百次战斗，挥师北伐，先后收复郑州、洛阳等地，后因莫须有的罪名被杀害。他用自己的一生践行"精忠报国"这四个字。"精忠报国"四个字激发了后人的爱国之情。这个时期励志、自强主要围绕着"忠君、报国",当然包涵"老骥伏枥,志在千里""穷且益坚,不坠青云之志"这样的个人气节和坚定的信念之义。

小志：我经常会听到周恩来同志"为中华之崛起而读书"这句名言,我很想知道他们这些近代仁人志士的励志与自强是什么样的?

安老师：中国的近代社会是一个动荡的社会,也是一个由传统社会向现代社会转变的社会。政治上,清政府沦为帝国主义控制中国的工具,仁人志士呼吁社会的法制化和民主化;经济上,自给自足的小农经济仍然占社会的主体,受西方资本和市场输入的影响,中国经济开始向市场化和商品化转变;思想上,以"忠君"为代表的封建道德开始动摇和瓦解,人们倡导科学和民主。

周恩来同志在辛亥革命爆发后,目睹中国人受洋人欺凌但又敢怒不敢言,对"中华不振"产生了深刻体会,周恩来剪去辫子,接触进步书籍,对书籍中的爱国思想有了感悟,思想得到升华,对事物有了自己独特的理解,所以,当其他同学还从未想过为什么要念书时,周恩来同志已经明确地提出"为中华之崛起而读书"。正如梁启超的《少年中国说》中所提及的"故今日之责任,不在他人,而全在我少年。少年智则国智,少年富则国富,少年强则国强,少年独立则国独立,少年自由则国自由",所要表达的都是为国家和民族而奋斗终生的责任感和使命感。这个时期励志、自强的重要内涵之一就是奋发民族精神,担当民族责任。

"孩儿立志出乡关,学不成名誓不还。"这是毛泽东同志在少年求学时说的一句话。也就是在当时,民主和科学的启蒙思想由国外开始向国内传播。与旧式的私塾不同的是,新式的学堂除了教授传统的四书五经之外,还开始教授地理、历史、算术、公法、交涉等。当时以毛泽东同志为代表的一批革命家在那种环境下,了解了什么是新文学、什么是旧文学,什么是新道德、什么是旧道德。对科学思想和民主政治有了更深刻的认识,将国家独立、民族自强从思想层面落实到行动上,最终推翻了封建王朝,建立了新中国。这种不断学习新的思想,为理想而付诸实践的行为是当时励志、自强另一种重要的内涵。

小爱：从古代至近现代,人们都很重视励志、自强,那么对于当代的我们来说，励志、自强又有怎样的意义呢？

安老师：中华民族的精神是中华民族在漫长的社会历史发展过程中逐步形成的，它是中华各族人民社会生活的反映，是中华文化最本质、最集中的体现，是各民族生活方式、理想信念、价值观念的文化浓缩，是中华民族赖以生存和发展的精神纽带、支撑和动力，是创新社会主义先进文化的民族灵魂。励志、自强作为民族精神的组成部分，在当今社会仍然起着举足轻重的作用。

励志、自强是国家精神的体现。2012年11月29日，习近平同志在参观《复兴之路》展览时的讲话中提出："每个人都有理想和追求，都有自己的梦想。现在，大家都在讨论中国梦，我以为，实现中华民族伟大复兴，就是中华民族近代以来最伟大的梦想。""中国梦"这一概念，明确指出无论是国家还是个人，都应该追逐自己的理想，心中有信仰，脚下才有力量，所以实现中华民族的伟大复兴这个国家和个人的共同理想需要励志和自强的精神。

励志、自强是社会的风向标。在思想解放、价值多元的当今社会，人们往往容易受到物质主义、"比坏"心态、反智倾向、审丑趣味这些不良思潮的腐蚀，形成错误的价值观，贪图享乐，自我迷失。这就需要我们能够明辨是非、积极向上，明白个人价值实现的真正意义所在，通过不断的奋斗来实现自我的价值和改变自身的命运。远离精神空虚、贪图享乐、功利化这些价值迷失和道德失范的种种不良现象，同样需要励志与自强的精神。

励志、自强是个人成功的基础。随着社会的发展和进步，社会的竞争压力也日益加剧。在遇到暂时无法解决的问题时，人们往往会出现焦虑、恐惧甚至逃避的念头，这个时候励志、自强可以磨砺我们的意志，让我们坦然地面对困难。励志、自强激励我们通过学习和锻炼提高自身的能力，从而正面解决问题。

小志：安老师能给我们推荐一些励志、自强的名言吗？我想选一些做为我的座右铭，不断激励自己励志上进、自强不息！

安老师：关于励志、自强的名言非常多，在这里提供一些供你参考：

（1）孩儿立志出乡关，学不成名誓不还。——毛泽东

（2）老骥伏枥，志在千里；烈士暮年，壮心不已。——曹操

（3）千磨万击还坚劲，任尔东西南北风。——郑燮

（4）宝剑锋从磨砺出，梅花香自苦寒来。——《增广贤文》

（5）穷且益坚，不坠青云之志。——王勃

（6）富贵不能淫，贫贱不能移，威武不能屈。——孟子

（7）古之立大事者，不惟有超世之才，亦必有坚韧不拔之志。——苏轼

（8）有志者、事竟成，破釜沉舟，百二秦关终属楚；苦心人、天不负，卧薪尝胆，三千越甲可吞吴。——蒲松龄

（9）石可破也，而不可夺坚；丹可磨也，而不可夺赤。——吕不韦

（10）故天将降大任于斯人也，必先苦其心志，劳其筋骨，饿其体肤，空乏其身，行拂乱其所为，所以动心忍性，曾益其所不能。——孟子

（11）故不积跬步，无以至千里；不积小流，无以成江海。骐骥一跃，不能十步；驽马十驾，功在不舍。锲而舍之，朽木不折；锲而不舍，金石可镂。——荀子

（12）沧海可填山可移，男儿志气当如斯。——刘过

第二节　学贵有恒，人贵有志

【案例26】王同学出生于20世纪80年代，今年已经30岁出头，身边很多同学已经成家立业，事业有所成就，而王同学却是一个刚刚毕业的大学生。

王同学来自偏远的农村，家境贫寒，母亲为了供他上学，每天凌晨3点多就起来忙活卖早点。王同学高中时很争气，一直是他们县里的第一名。在高考结束后，他收到了武汉某知名大学的录取通知书，然而对于王同学来说，并没有达到自己的预期，甚至很失望，因为他报考的是北京的顶尖学府，被调剂到了现在的学校。

带着满满的失落，王同学浑浑噩噩地过着自己的大学生活，从大一开始迷上网络小说，经常看到夜里一两点，手机电池没电了，就接上充电器看。开始他很少旷课，但课上多是在看网络小说。大一三门功课"挂红灯"，大二又有两门没过，补考也没过。大三时，他从迷恋网络小说到沉溺网络游戏。同学在网吧找到他并告诉他已经被学位预警了，补考再不过就将被退学，他

并没有警醒。当同学第二次在网吧找到他时，他接到的是退学通知书。

起初，他觉得文凭不过是一张纸而已，自己有能力照样可以在社会立足。但他在找工作时却屡屡碰壁，稍微有些知名度的企业和单位都对学历有要求。他不得不从一家小公司的底层做起，直到有一天，一个大学刚毕业不久的同事成了自己的上司，他才醒悟，没有学历很难有更好的发展机会。他重新拿起了9年没有碰过的高中课本，凭着自己的努力与坚持，最终被武汉某知名大学录取。通过四年的努力，他今年终于顺利毕业。

图3-2　学贵有恒，人贵有志

安老师：人生的道路并不平坦，有崎岖有挫折。在崎岖中犯错，在挫折中迷失方向并不可怕，关键是要能迷途知返，知耻而后勇。

小志：从近代的屈辱到今天的繁荣昌盛，是无数革命先烈通过励志、自强赢得的，国家富强、家庭幸福、个人成长均离不开励志。我觉得为国励志，是国家繁荣富强的需要。

安老师：中华民族是一个自强不息、厚德载物的民族。五千年的历史孕育了灿烂的文化，无论是从汉代时起延续了千年之久，连接中国腹地与欧洲诸地的"丝绸之路"，还是明代时郑和的七次下西洋，处在世界领先地位的中国通过对外的交流与沟通促进了世界政治、经济、文化的发展，彰显了中国的历史地位，为人类发展做出了不可磨灭的贡献。然而到了近代，西方通过科技革命、文艺复兴走向世界的前列，中国开始落后于西方各国。特别是鸦片战争后，中国陷入内忧外患的苦难境地，山河破碎、战乱频发给人民带来了灾难，是自强不息的励志精神让中国再次屹立于世界之林。

励志，让国家从磨难中走出来。面对山河破碎、民不聊生的悲惨景象，无数仁人志士为了挽救民族的危亡，为了国家富强、民族振兴而不断探索与奋斗；为维护国家统一，反抗外来侵略，他们进行了艰苦卓绝的斗争，甚至不惜牺牲生命。他们中有"苟利国家生死以，岂因祸福避趋之"的禁烟英雄林则徐，有"驱除鞑虏，恢复中华"的革命先导孙中山，更有完成民族独立和人民解放、实现国家富强和人民富裕的无数默默付出的共产党人。他们有着共同的信念：让国家免遭屈辱，让人民免受战乱。

励志，让国家从贫穷走向富裕。改革开放以来，中国经济取得了飞速的发展。我国 GDP 从 1978 年的 0.3679 万亿元增长到 2017 年的 82.0754 万亿元，短短几十年间增长了 200 多倍；城镇居民人均可支配收入和农村居民人均可支配收入分别从 1978 年的 343.4 元、133.6 元提高到 2017 年的 36396 元、13432 元；农村贫困发生率从 1978 年的 97.5% 大幅下降到 2017 年的 3.1%，远低于世界平均水平。国家的砥砺奋进，为人民提供了更多的就业和创业平台，更多的可支配收入。

小爱：一心装满国，一手撑起家，国是千万家。我觉得为家励志，是幸福生活的需要。

安老师：没错。家庭是一个社会、一个国家组成的最基本的单位，是下一代成长的摇篮。家庭的建设、家风的培育无论在什么时代，都起着至关重要的作用。家人和睦相处，亲人互敬互爱，下一代健康成长，老年人老有所养，家庭已经成为社会发展的重要基点。家庭的建设取决于家庭的氛围、家庭的教育和家庭对下一代的关爱。

励志的家庭氛围孕育了自立自强的精神。所谓家庭氛围，是由家庭中各种主客观因素综合形成的，其中主观因素起主导作用。它包括家长的文化素养、行为习惯、生活态度、思想境界以及性格气质等。家长的一言一行对孩子有着直接的影响。孟母三迁的故事可谓人尽皆知，孟子"宿丧其父，幼被慈母三迁之教"，正是孟母对家庭环境的重视，自身身体力行、言传身教，成就了后来与孔子比肩的大儒。这种精神持续下去就形成了家风。我们比较熟知的《曾国藩家书》共收录曾国藩家书 435 通，凝结了他一生在修身养性、为人处世、交友识人、持家教子、治军从政的心血。"困心横虑，正是磨炼英雄，玉汝于成"，"勤字功夫，第一贵早起，第二贵有恒；凡将相无种，圣贤豪杰无种，只要人肯立志，都可以做得到的"，这种勤奋与坚韧的精神对子弟起着精神上的激励。他说："余教儿女辈惟以勤俭谦三字为主……弟每用一钱，均须三思。至嘱。""诸弟在家，宜教子侄守勤敬。吾在外既有权势，则家中子弟最易流于骄，流于佚，二字皆败家之道也。"这种勤俭节约的意识是对子弟行为上的引导。这些家庭氛围的营造对自立自强精神的养成起到了促进作用。

励志的家庭教育孕育了坚韧不拔、顽强拼搏的精神。家庭教育是在家庭生活中，由家长对其子女实施的教育。家长在教育方式的选择上对孩子形成良好的人格品质也有着不可或缺的作用。励志的家庭教育就是让孩子认识到在面对困难时，正确的做法是战胜困难，而不是逃避或者依赖他人解决。父母通过自身在工作中、生活中坚持不懈的努力、永不言败的精神去影响孩子，这样能够让他们深刻认识到坚韧不拔、顽强拼搏的重要性。溺爱和忽视都不利于孩子的成长。现在大学生中的独生子女较多，在开学的时候我们不难看见一个孩子来报到，跟在后面的除了爸爸、妈妈，甚至还有爷爷、奶奶、外公、外婆。在一群人的簇拥下，自己只拿着一张录取通知书办理报到手续，后面的家长们背着包、拎着箱子。这就是典型的溺爱。这一类的家长，生怕孩子吃苦或者受到一点点委屈。不管孩子能否独立完成，都要帮助其解决一切问题。久而久之，孩子形成了依赖的心理，缺乏独立思考和独自解决问题的能力。

小志：个人的发展与国家的发展紧密相连，我觉得为己励志，是成长成才的需要。

安老师：我们所处的时代是飞速发展的时代，我们所处的社会是日益繁荣的社会。当今社会主流思想是积极的、健康的、向上的。人们热爱党，热爱祖国，热爱社会主义，有着远大的理想和志向，对坚持走中国特色社会主义道路、实现全面建设小康社会的宏伟目标充满信心。但在思想解放、价值多元的当今社会，物质主义、"比坏"心态、反智倾向、审丑趣味这些不良思潮也在蠢蠢欲动，个人一旦被这些不良的思想腐蚀，就会形成错误的价值观，贪图享乐、迷失自我。

励志，让个人能够明辨是非，积极向上。每个人都有自己的志向，志向是人的主观意愿，主观意愿是受到客观的环境所影响的。不同的环境对人的志向有不同影响，所以，人的志向就有了高低和对错之分。有的志向远大而崇高，有的志向短浅而渺小；有的志向正确，有的志向错误。励志就是树立崇高的志向，习近平同志在中国共产党成立95周年大会上说道："砍头不要紧，只要主义真"，"敌人只能砍下我们的头颅，决不能动摇我们的信仰"，这些视死如归、大义凛然的誓言正是共产党人励志的体现。励志能让个人弘扬真善美、贬斥假恶丑。为国家发展、民族复兴而奋斗，远离贪图享乐、自甘堕落。

励志，是个人走向成功的基础。决定一个人一生的命运往往是关键的几步，大学时期是人生最为宝贵的发展阶段之一，它是奠定人生观与价值观以及为个人在品德、知识、身体诸方面打下坚实基础的时期，也是有志青年踏入社会、贡献社会并展现自己人生价值前的最具冲锋精神和创新精神的时期。谁把握住了这个机遇，谁就有可能在学业上有所建树，在未来的职业生涯中取得好的成绩，生活也才更有意义。励志让青年学子能够在这个重要阶段对主要任务和目的有明确的认知，通过不断地学习来实现自我的价值和改变自身的命运。远离精神空虚、贪图享乐、功利化这些价值迷失和道德失范的种种不良现象，拥有强烈的自律和自立意识，勤奋、进取、独立、自主，将自己的人生理想与社会进步和发展相统一。

小爱： 自立自强是个人走向成熟的关键，我觉得自立自强是远离依赖思想的需要。

安老师： 自立自强就是树立独立意识，体现自己的社会价值，反对依附顺从。自己的事情自己做，不靠别人完成一件事，有自己的主见、主意，不需依赖他人。

进入大学后要能够积极适应生活和调控情绪，保持学习动力，提高与人交往的意愿，远离"等、靠、要"的消极依赖思想，将"想要我做"变成"我想要做"。在重重困难面前，以坚定的信念、顽强的意志和积极的心态坦然面对。坚信虽然我无法改变过去，但能改变未来。

吃苦耐劳、勤俭节约是中华民族的传统美德，我们应该一代一代地传承下去，当下，大多数大学生是能够热爱劳动、崇尚劳动，珍惜时光和每一份社会资源的。但少数大学生可能存在着好逸恶劳、拈轻怕重、投机取巧的心态。

自强让我们拥有顽强的意志，坦然面对困难。从心理学的角度讲，意志是人有意识、有目的地调节和支配自己的行动，克服困难，实现预定目标的心理过程。意志是人类所特有的心理过程。在大学生活中我们不乏看到这样的现象：原本中学时代学习成绩优异的学生，到了大学之后开始自我放纵，有的天天沉溺于网络世界之中，因此多门课程挂科，最终被迫退学；有的将主要精力放在了谈恋爱上，在恋爱中陷入误区无法自拔荒废了学业。凡此种种都是缺乏目标没有顽强意志的表现。自强能够让我们拥有高度的自觉性，无论是在中学时代还是大学时代，都能明确认识到学习的重要性并不断努力。有自强精神的人，在大学期间是选择短暂的享乐自由，还是为长远发展而努力时，能够果断选择后者。即便在大学学习、生活中他们面临的困难比一般的同学更多，也总能够克服种种困难，百折不挠，最终达到自己预期的目标。

　　自强让我们拥有勤俭节约、艰苦奋斗的品格。勤俭节约是中华民族的传统美德，也是宝贵的精神财富。随着物质条件的提高，节约意识培养不到位，个别大学生的浪费现象愈发严重。因点餐时分量过多或者不合口味，大量吃不完的饭菜被倒掉；寝室、教学楼里会发现人走后空调、电扇不关，大量的电力资源被浪费，不随手断电同时也隐藏着巨大的安全隐患；卫生间、宿舍的水龙头用完后不及时关闭的现象也时有发生。自强让我们意识到无论在什么场合都要保持勤俭节约的良好习惯。时刻以"一粥一饭，当思来之不易；半丝半缕，恒念物力维艰"这样的名言警句警醒自己。在公共资源方面，能够认识到每一粒米都是劳动所得，自觉地做到爱惜粮食；能够认识到水、电资源在偏远地区的稀缺性，这种资源是珍贵的，从而时刻保持节约用水、用电的好习惯。在消费方面，能够理性地合理支出，在对待物质消费上能够做到物超所值、物尽其用，而不是讲究排场、一味追求时尚，从而形成了铺张浪费的不良习惯。从消费的心理来说，遵从适度的、理性的、可持续的消费，而不是一味地从众和攀比。从消费的比重来说，将物质消费节约下来的钱用在精神消费上，特别是购买书籍、参加专业技能的培训。最重要的是意识到节约时间的重要性。时间不光对大学生，对每个人来说都是一种重要的资源。它不可存储、不可代替，节约时间就显得难能可贵。自强让我们时刻鞭策自己，让自己能够有明确的计划和目标，让"一寸光阴一寸金"的时间观念时刻印在脑海中。

　　小志：个人发展与国家、社会发展密不可分，但不能片面依赖于社会。

我觉得自立自强是远离对社会片面依赖的需要。

安老师：国家为了实现共同富裕的目标，建立了健全的国家资助政策，国家也将扶贫工作作为民生工程之一。十九大报告明确指出，"要动员全党全国全社会力量，坚持精准扶贫、精准脱贫，坚持中央统筹省负总责市县抓落实的工作机制，强化党政一把手负总责的责任制，坚持大扶贫格局，注重扶贫同扶志、扶智相结合，深入实施东西部扶贫协作，重点攻克深度贫困地区脱贫任务，确保到二〇二〇年我国现行标准下农村贫困人口实现脱贫，贫困县全部摘帽，解决区域性整体贫困，做到脱真贫、真脱贫。"大学生作为未来社会的储备人才，国家更是高度重视，对贫困大学生更是建立了国家奖学金、国家励志奖学金、国家助学金、国家助学贷款、勤工助学、师范生公费教育、退役士兵教育资助、基层就业学费补偿贷款代偿、应征入伍服义务兵役国家资助等多种形式有机结合的高等学校学生资助体系，"不让一个学生因家庭经济困难而失学"。

但这些资助政策在帮助人们解决实际困难的同时，也让一小部分人产生了依赖的思想。自强就是让我们远离对国家和社会的依赖，正确认识国家资助的政策。自强让我们清醒地认识到，国家和学校各类助学金是为了帮助我们缓解在校期间学费、生活费带来的经济上的压力，从而让我们每一个同学都能够安心学习，而不是让我们心安理得地享受资助。自强让我们对待国家和学校的资助的态度不产生偏差。自强让我们认识到国家和学校的各类助学金是无偿给予贫困同学的帮助，但并不是"应得的"。我们应该珍惜每一份资助，矢志成才，不辜负国家和学校对我们的期望。心怀感恩，学有所成之后应该将这份爱心回馈社会，而不是只知道享受权利，不去履行义务。相对于物质上的贫困，精神贫困更令人担忧。自强让我们意识到国家和学校的各类助学金虽然能基本保障我们在校的正常学习、生活，但是当我们步入社会，终究还是要依靠自己的能力生存下去。虽然我们比同龄人面对更多的经济压力、学习压力、就业压力，甚至是人际交往的压力，但困难只是暂时的，在困境中磨砺意志，将压力变为动力，在逆境中培养吃苦耐劳、奋勇拼搏的精神，从内心战胜贫困，这才是最关键的。

小爱：家庭的环境有助于个人的发展，但个人发展不能片面依赖于家庭。我觉得自立自强是远离对家庭的片面依赖的需要。

安老师：其实，长大成人的重要标志就是能够独立生活。然而现在社会上确实存在"长大不成人"的现象。

所谓"啃老族"是指已成年并且有劳动能力，离开学校进入社会后，仍不能实现经济上的独立，而要依靠父母提供支持或帮助才能维持自身需要的群体。这就是因依赖家庭而导致的。

缺乏责任意识，缺乏主见，一切依赖父母安排。这种情况并不是仅出现在家庭条件优越的群体中，在家庭条件一般，甚至家庭条件比较困难的群体中也时有出现。出现这种现象很重要的一部分原因就是父母对孩子的溺爱，抱有"再苦不能苦孩子"的想法，把自己省吃俭用的钱用在孩子身上，这不但没有帮到孩子，实际还让孩子产生了严重的依赖心理，将父母的付出当作理所当然。从小养成的依赖父母和依赖长辈的心理，在遇到问题和困难时，想到的不是如何去解决，而是等着别人帮他去处理。虽然自己总是在索取，但是并不愿过多地付出在他人身上，只享受了权利，却忽视了义务，简单地说就是缺乏责任感或是责任感不强。

缺乏生活的自理能力。简单地说，生活自理能力就是自己照料自己的行为。比如卫生，个人的卫生、宿舍的卫生、班级的卫生。即便是这么简单的事情，极个别同学也不愿意去做，甚至不会做。衣服脏了不洗，积攒在一起，等父母过来看自己的时候帮自己全部洗掉，甚至是直接寄回家，等父母洗干净了再寄回来。

缺乏生存技能。当今社会是充满机遇的社会，但同时也是充满挑战的社会。如果从小衣来伸手、饭来张口，养成贪图享乐的习惯，失去了竞争意识和危机意识，那么在学校期间就会逃避现实，忽视职业能力的锻炼和培养。极个别同学把主要的精力放在了游戏和上网上，认为大学里面学习的东西很多也用不上，与其这样还不如不学，将找工作寄希望于父母关系或者碰运气，而不是在大学期间积极地参加职业技能的培训，考取相关的技能证书，增加自身的含金量。

缺乏社会经验，极个别同学因为大部分时间都沉浸在虚拟世界中，久而久之发现自己与外界已经失去了共同的话题，与身边同学的交流开始变少，更不愿意去参加实践活动或者勤工助学增加自己的社会经验。

这既不利于个人的发展，也不利于家庭的发展。自强就是让人们加强自我的独立能力，提高自我的控制能力。之所以对家庭产生依赖，不是因为没有志向，没有目标，而是因为有了志向和目标却无法坚持和实施下去。

自强就是让我们有很好的自控力。自控力是人适应社会的重要能力，是自我心理与个人价值和社会期望相匹配的能力。拥有良好的自控力，是个体健康发展的需要，也是个体适应社会的一项基本素质。"千里之行，始于足下"，自强首先让我们意识到思想转化为行动的重要性。自强能够督促我们设立明确的、合理的目标，增强自我激励，通过加强时间管理、提高效率，来最终实现自己的志向。

第三节　志存高远，百折不挠

【案例27】张同学来自安徽阜南的一个农村贫困家庭，爷爷奶奶年过七旬，兄弟二人仍在读书，一切的重担都落在了父母的肩上。眼看着父母在外辛苦劳作，作为长子的他在面对身带疾病的爷爷奶奶时，只有默默地挑起家中的大梁，一方面要完成自己的学业，另一方面要照顾弟弟、爷爷和奶奶。从那一刻起，张同学就决定做一个独立自主的好孩子，做一个自强不息、艰苦奋斗、勇于挑战的当代大学生。

从2013年进入大学的第一学期起，张同学就开始了勤工俭学的生活。他发过传单、做过酒店服务员等兼职，他还和同学们一起创业，积极组织并开设了自己的淘宝店铺。他利用大部分的课余时间学习店铺装修、店铺推广、photoshop和商品上传的技术，解决了店铺的一些常见问题，学到了很多课堂上没有的知识。兼职过程中，张同学没少受他人的冷嘲热讽，但这并没有影响他的决心。他常说："能把一件事坚持到底，这就是成功。与其抱怨社会的不公，不如自己更加努力创造属于自己的未来。"

张同学始终把专业学习放在第一位，努力学习，毫不怠慢。在2013—2014学年凭借自己的不懈努力荣获了国家奖学金，在2014—2015学年又再次凭借优秀的成绩荣获国家励志奖学金。

"成长没有一帆风顺，只有勇于直面艰难险阻，才能成就宏图大志。"张同学如是说。面对困难永不言弃的张同学迎难而上，自立自强，艰苦奋斗。我们相信他在今后的道路上能披荆斩棘，走出属于他的辉煌！

图3-3　张同学照顾老人

安老师："寒门出英才。"励志、自强不属于自卑、懦弱者，不属于慵散无为者；励志、自强属于像张同学这样用双手打拼未来，用行动圆梦的实干者、自强人！

小志：远大的理想是励志、自强的核心要素，那我们如何树立远大的理想呢？

安老师：首先我们要清楚两个概念。所谓理想就是对未来美好生活的想象和期望。所谓信念是坚信不疑的想法，对某人或某事信任、有信心或信赖的一种思想状态。了解了这两个概念，我们就不难理解所谓理想信念，其实就是我们坚持不懈地对美好的追求。如果人们失去了对美好生活的向往，也就失去了生活的意义，理想、信念是精神支柱，心中有理想，脚下才有力量。

我们在树立崇高理想信念的时候应该从以下四个方面着手：

第一，树立正确的世界观、人生观和价值观。树立正确的世界观、人生观和价值观是为了帮助我们认识社会发展规律，认清国家的前途、命运，明了自己的社会责任。纵观中国的近代史和现代史不难发现，在党领导下走中国特色社会主义道路，实现中华民族伟大复兴的共同理想和坚定信念，是我们国家、民族，也是我们个人前进的方向。无论是中华民族的伟大复兴还是中国梦的实现，都需要我们青年一代的大学生不断追求，勇于肩负时代责任，坚定不移地努力下去。

第二，将爱国主义深植心中，传承民族精神。爱国是站在国家利益的立场为国家的安全和稳定贡献力量。不因一时的诱惑出卖国家的安全信息是爱国；刻苦勤奋、尽职尽责，在本职岗位做出成绩也是爱国。同时，要传承爱好和平、勤劳勇敢、自强不息的民族精神，树立民族自尊心、自信心和自豪感。

第三，遵守公民道德，培养高尚品质。作为大学生，我们应该自觉遵守爱国守法、明礼诚信、团结友善、勤俭自强、敬业奉献的基本道德规范。从身边的事情做起，从具体的事情做起，着力培养良好的道德品质和文明行为。远离损人利己、唯利是图、违背诚信的不良行为和思维。

第四，树立全面发展的成才观。只有"德、智、体、美、劳"全面发展才能成为社会主义合格的接班人。具体而言，应该具备高尚品格，时刻践行社会主义核心价值观；具备扎实的学识，勤奋学习是走向社会的立身之本；具备强健的体格，良好的身体素质是发展的保障；具备吃苦耐劳的精神，美好的生活都是通过辛勤劳动得来的。

小爱：精神是励志、自强的动力，行动是励志、自强的关键。我觉得作为学生，学习是首要任务，面对学习困境我们要勇于面对。

安老师：部分同学由于眼界、社会资源、家庭经济条件的制约，虽然在学习动机上要相对高于其他同学，但是在学习的成效上不占优势，出现了学习困境。

主要原因在于：

一是接收的信息相对单一。由于部分同学来自农村以及偏远地区，家庭的物质条件并不优越，这样的地缘因素和家庭因素所形成的客观环境因素导致其与外界信息的接触较少，甚至因这样的客观因素而与外界隔绝，这样就在一定程度上导致其接触到的信息少，知识面也不广。因此，当他们接触新事物时难免生疏，学习起来也比较困难。以学习电脑为例，由于接触电脑的机会较少，因此他们初学电脑、掌握电脑技能时往往显得非常吃力。

二是学习方法相对单一。部分同学在家乡能够获得的教育资源不多，缺少和外界沟通、交流的机会，家长能给予的指导也有限，学习基本上靠自我摸索。进入大学后对学习有了更高的要求，特别是需要培养分析和深入思考的能力，原来的方法就显得不能够适应新的要求。在中学时期对大多数同学来说，通过不断的记忆可以取得一定的成效，学习也是在老师的监督、帮助、指导下开展的。如果将中学时期的学习方法生搬硬套到大学学习中，没有把

"理解"和"举一反三"的学习方法加入进来，在没有了老师的严格监督和指导后，就很难取得好的成效。所以，尽管有些学生学习很认真，但总是感觉很吃力。长此以往，若找不到合适的学习方法，则会变成学习困难。也有部分同学对自己所学专业没有兴趣或者认为自己不适合自己的专业，从而对专业课程产生抵触心理，引发学习问题。

三是压力负担比较重。由于家庭经济困难，他们在日常的生活中除了要关注学习，还要将精力放在缓解经济压力上，双重压力使部分同学产生情绪问题。家境的贫困、学习方法的单一以及人际关系的紧张，让这部分同学承担着巨大的心理压力。在进入大学之前，部分同学就会因家庭贫困而形成内向、自卑和比较敏感的性格，进入大学之后这种负面性格也会伴随其左右。对于家庭的忧虑，往往令他们不能全身心投入学习当中。

走出学习困境，需要一个改变的过程，不是一蹴而就的。很多同学在高中成绩优异，是家长、老师、同学们眼中公认的优秀学生，到了大学他们希望继续高中时的这种优秀来弥补因为经济困难而导致的心理落差。但是大学的学习与高中学习有着显著的差异，高中侧重于基础知识的学习，较少涉及理论的拓展与深入，通过反复的练习和记忆可以取得一定的学习效果。而大学的学习侧重于学习思维的训练，这和高中原有的学习习惯是有很大区别的。弥补学习基础的薄弱，改变不善于或者羞于与专业老师进行沟通和交流的习惯，是需要一个过程的。

这里我给想走出困境的同学以下几点建议：

首先，要悦纳自己，正视自身的不足。积极、乐观的态度是动力的源泉，可以很好地促进自身的学习，提高学习的效率。由于个人成长的环境不同，眼界和知识面有差别是客观存在的事实，要想在大学一入学通过个人努力在很短的时间内赶超，本身就是一件很困难的事情，这需要极大的毅力、清晰的学习目标，更重要的是学习的方法转变。而这一切的前提是要正视不足，勇于面对困难。

其次，学会学习，改善学习方法。大学学习的核心在于培养独立思考的能力，而不是简单、机械地对知识的记忆。独立思考就是不能够人云亦云，这就需要具备丰富的知识，一是要在本学科的课外延伸上下功夫，不能停留于课本知识而是要大量阅读推荐书目；二是要在学科之间的学习上下功夫，也就是注重通识课程的学习。所谓文、史、哲不分家，这说明学科之间是有着密切联系的。同时还需要科研训练来支撑，科研本身就是在已有的基础上举一反三，进行创新。在大学期间能够参与老师的科研项目，能够参加科研论文大赛性质的活动，有助于我们提升思维能力。

最后，专业学习需要有规划。明确学习的目的、学习的任务，这样才能充分地利用时间。明确大学每个阶段学习的重点，如果大一学习在于打基础，那么大二就要开始侧重专业技能的训练。在执行自己规划的时候，要给自己一个明确的时间节点。

小志：作为老师的助理，我觉得在勤工助学中能够收获成长，我们应该积极参加校内勤工助学活动。

安老师：首先，要了解勤工助学的相关内容。勤工助学是指学生利用课余时间通过自己的劳动，促进德、智、体、美等品德全面发展，增长才干，并通过兼职或假期工作的报酬以改善学习和生活条件的行为。勤工助学分为校内勤工助学和校外勤工助学。校内勤工助学环境相对比较稳定，内容更贴近学生的生活。

（1）招聘条件。

招聘条件原则上是该学年被认定为家庭经济困难的全日制学生。同时需要能够遵纪守法、诚实守信、无违纪行为；吃苦耐劳，具有较强的工作责任心和相应的工作能力；身心健康，具有与岗位相适应的健康状况；勤俭节约，无吸烟、酗酒等不良嗜好；学有余力，能妥善处理好学习与工作的关系。

（2）岗位设置情况。

校内勤工助学一般以校内教学助理、科研助理、行政管理助理和学校公共服务等岗位为主。分固定岗位和临时岗位。固定岗位是指持续一个学期以上的长期性岗位和寒暑假期间的连续性岗位；临时岗位是指不具有长期性，通过一次或几次勤工助学活动即完成任务的工作岗位。

（3）勤工助学酬金标准及支付。

校内固定岗位按月计酬，原则上不低于当地政府或有关部门制定的最低工资标准或居民最低生活保障标准，可适当上下浮动。校内临时岗位按小时计酬，每小时酬金可参照当地政府或有关部门规定的最低小时工资标准合理确定。

（4）了解校内勤工助学信息的途径。

一般来说，校内勤工助学每年都会举办一次招聘。线上，可以通过校园通知、公告了解校内勤工助学的信息；线下，可以通过向上一届的学长、学姐或者老师咨询，还可以通过勤工助学供需见面会现场直接了解相关信息。

我们应该利用勤工助学去体会勤劳的价值，勤劳是中华民族的传统美德，勤劳造就了中华民族的一个个奇迹。世界最大单口径射电望远镜——天眼，世界总体跨度最长的跨海大桥——港珠澳大桥……一个个世界之最都是辛勤劳动的结果，我们应该将热爱劳动的精神传承下去。习近平同志指出，"幸福不会从天而降，梦想不会自动成真"，"幸福都是奋斗出来的"，"世界上没有坐享其成的好事，要幸福就要奋斗"。作为新时代大学生的我们应该用行动去传承劳动精神，激发劳动热情，用劳动点燃青春梦。

最后，我们要了解勤工助学对于贫困学子来说有哪些积极的意义。

一是能培养吃苦耐劳的精神。贫困生通过勤工助学活动获得了一定的报酬，部分甚至全部解决了自己在校期间的学习和生活费用，自食其力，不但改善了自己的生活，而且减轻了家庭的经济负担，有的甚至还拿出部分收入补贴家用。在勤工助学活动中，我们体验到劳动的艰辛，逐步养成勤劳节俭的品格、吃苦耐劳的作风，更重要的是，改变了部分贫困生希望以"等、靠、要"来脱离贫困的思想，培养了他们的自立、自主、自强的意识和精神。

树立积极、乐观的心态。在勤工助学实践过程中，贫困生通过自己的努力获得经济报酬，一定程度上缓解了经济困难，这让他们体会到贫困虽然是与生俱来的，但通过自己的奋斗是可以改变的。面对困难，他们不再回避，不再怨天尤人，而是勇敢地正视困难。有的贫困生甚至因为在勤工助学活动中工作能力强，经济报酬高，成了周围同学羡慕的对象、学习的榜样。这些让他们摆脱了自卑心理，树立了积极、自信和乐观的生活态度。

二是能锻炼各项能力。勤工助学的过程，也是贫困生在实践中吸取营养、汲取知识的过程。部分勤工助学岗位与学生的专业知识紧密相关，如科研助理岗位。这一岗位由品学兼优的贫困生担任，协助老师进行本专业科研试验工作。在勤工助学的过程中，这些贫困学生增长了专业知识，了解了本专业的最新研究动态，也提高了对所学专业的兴趣，提升了社会活动能力和人际交往能力。参加勤工助学的贫困生中，有相当一部分从事过多种类型的工作，如助管、助研、家教、营销员、餐厅服务员、传单发放员和卫生保洁员等。这些工作经历使他们有机会充当不同的社会角色，接触到各个行业、各色各样的人。在工作的同时，他们也积累了丰富的社会活动经验和人际交往技巧。在勤工助学过程中，每个贫困生都要面对工作中出现的问题和难题。这种生活的体验和磨炼有助于他们养成独立思考问题、分析问题和解决问题的能力。在解决难题的过程中，他们的创造性思维得到开发，创新能力得到提高。

小爱： 作为兼职学生，我觉得在兼职过程中增长了不少社会经验，我们应该了解校外勤工助学。

安老师： 校外勤工助学的确能够让我们深入地了解社会，积累丰富的社会经验，但鉴于校外勤工助学环境的复杂性，我们在以下几个方面要特别留意。

第一，校外的勤工助学工作内容庞杂，档次不一。校内勤工助学一般由学校学生管理部门统筹安排，工作时间稳定，工作强度适当，有较强的保障。校外勤工助学选择面更加广泛，如广告资料发放、派送快递邮件、餐厅服务员等以服务为主的简单劳动，也有备受学生们青睐的大型企业的实习工作。在大型企业实习可以提高学生的综合能力，是走向社会之前很好的锻炼机会，但是此类工作一般要求较高，更多是以锻炼和体验为主，实习的企业可能不提供薪酬。还有相当多的招聘企业考虑到用工的成本和工作的效益，不愿意招收学生兼职。

第二，贫困学生社会经验不足，容易上当受骗。由于大学生社会经验少，对社会复杂性往往估计不足，容易被骗，使切身利益受到损害。常有学生讲述自己或周边同学在找工作过程中，部分中介公司或个人以押金、服务费等名义向他们收取不菲的费用，而此后竟杳无音讯的受骗经历。此外，还有部分招工企业或个人以各种理由故意克扣或拖欠学生工资。更有甚者，利用大学生社会经验不足、阅历浅、法律意识淡薄等缺点，诱骗其做一些非法活动，当事故或问题发生时，雇佣者一走了之，留下学生自己承担法律责任。

第三，不法中介的真实面目难辨。由于门槛低、成本低、收益快等特点，大量兼职中介机构成立，并面向在校大学生开展业务。这些公司多数属无营业执照、无税务登记证、无固定的办公场所或经常转移办公地点，仅凭招聘广告难辨其真伪。

这里我给想参加校外勤工助学的同学几点建议和意见，处理好勤工助学中的各种关系。

一是坚持学有余力的原则。大学生本职还是学习，要将主要精力放在学习上。在学有余力的情况下勤工助学，在贴补生活的同时可以丰富阅历。

二是做好应聘单位的甄别。大学生在选择校外勤工助学单位时，应事先了解该单位的经营合法性和行业信誉。在目前互联网很发达的情况下，可以上网搜索一下该单位的相关资料以及网上评价，尽可能选择规模较大、信誉度较高的校外勤工助学单位。对于先交押金，或者明显高于平均工资水平的工作要提高警惕，谨防遭受人身伤害和财产的损失。

三是保护自身的合法权益。最好在校外勤工助学前与勤工助学单位签订勤工助学协议或者用工的合同，明确双方的权利、义务，特别是工作时间、工作条件、工作环境和工作的酬劳等实质性内容，如果在日后发生分歧，可以很好地保护自身合法权益。

四是诚实守信、遵纪守法。大学生在勤工助学中应当认真学习并遵守勤工助学单位的工作制度和操作流程，对于勤工助学中接触到的勤工助学单位的商业秘密，应当承担保密义务，千万不能做有损勤工助学单位合法权益的事情。

小志：作为即将走向社会的学生，我觉得了解社会需求、适应社会竞争至关重要，我们应该提升自身的就业能力。

安老师：根据国际劳工组织的定义，就业能力事实上即为劳动者赢得工作的同时并予以维持，而后在此领域取得一定成果，并根据职业的不断发展，从而实现自我适应调节的基本水平。"大学生就业能力"是为适应就业市场的变化而提出的。郑晓明在其《"就业能力"论》一文中对大学生就业能力的描述为："大学生的就业能力不再单纯指某一项技能、能力，而是学生多种能力的集合"，这一概念是对学生各种能力的全面包含。在内容上，它包括学习能力、思想能力、实践能力、应聘能力和适应能力等。

大学生的就业能力其实也是大学生最基本的社会生存能力，这就包括解决衣、食、住、行这些基础的生存能力，还包括解决面临现实困境的能力以及对恶劣环境的适应能力这些更高一级的生存能力。如：礼貌热情，善于接人待物的社会交往能力；面对选择时能够决断，面对突发情况能够及时应变，面对团队士气低落能够鼓舞的管理能力；能够提出有别于他人的思路和见解，利用现有条件改进或创造新的事物的创新能力。

对于贫困学子，由于受到成长和教育环境的影响，在就业能力中的技能培训上存在不足，如外语水平和计算机操作的能力都有待提高，可能会出现自卑、抑郁等不良情绪，加上大学生活中的各种压力，如果长期不能缓解可能走向不能与人为善、孤芳自赏的另外一个极端，势必影响其与他人的交往与合作，影响进一步的发展。

对于贫困学子，提升就业能力可以从以下几个方面着手。一是提升技能水平。专业技能是大学学习成果的重要体现之一。提升专业技能，首先要做好观察与分析。通过老师、学长了解与本专业息息相关的专业技能有哪些，了解在本行业中最具含金量的专业证书有哪些，多去学习这方面的内容，尽可能地去考取这些证书，为以后专业对口选择更好的工作，增强自身的职业竞争力，增加自己的人生砝码。二是参加本专业的学科类竞赛。学科竞赛可以锻炼人的智力、意志，可以使人学到更多的知识。提前接触该学科的相关知识，培养自己在这方面的兴趣和素养，有利于我们学会自主思考，锻炼独立解决问题的能力。最重要的是，在参与学科竞赛的过程中，通过老师的指导和帮助，可以检验和提升我们的专业能力。专业竞赛取得的成绩也是用人单位衡量专业水平最直观的标准之一。三是提升实践能力。社会实践是我们了解社会最直接的途径，通过社会实践可以让我们学到书本之外的知识，同时增长才干。

小爱：作为毕业生，我觉得对就业单位的甄别很重要，我们应该提高防范意识，远离"传销"陷阱。

安老师：我们先来了解下什么是"传销"。传销：组织者发展人员，通过发展人员或者要求被发展人员以交纳一定费用为条件取得加入资格等方式获得财富的违法行为。传销的本质是"庞氏骗局"，即以后来者的钱作为前面人的收益。新型传销：不限制人身自由，不收身份证、手机，不集体上大课，而是以资本运作为旗号拉人骗钱，利用开豪车、穿金戴银等，让你的亲朋好友加入，最后让你血本无归。

传销往往会通过合法外衣伪装自己，最典型的就是混淆传销和直销的概念。直销指厂家直接销售商品和服务，直销者绕过传统批发商或零售通路，直接从顾客处接收订单。所以直销在销售方式上与传统行业不同，不依靠实体店面的销售，而主要依赖直销人员销售，这就给传销人员冒充直销以可乘之机。

　　那么如何区分直销和传销呢？其实很简单，根据中华人民共和国国务院令（第443号）《直销管理条例》，直销企业是有着很高门槛的：投资者具有良好的商业信誉，在提出申请前连续5年没有重大违法经营记录；外国投资者还应当有3年以上在中国境外从事直销活动的经验；实缴注册资本不低于人民币8000万元；直销企业应当对拟招募的直销员进行业务培训和考试，考试合格后由直销企业颁发直销员证，未取得直销员证，任何人不得从事直销活动。而传销一没有高额的注册资本，二没有商业信誉可言，三没有对从业人员的合法培训。

　　在日常的生活中，我们应该通过以下三个特征识别传销：一是所谓的入门费，是否需要认购商品或交纳费用取得加入资格或发展他人加入的资格，牟取非法利益；二是拉人头，是否需要发展他人成为自己的下线，并对发展的人员以其直接或间接滚动发展的人员数量为依据给付报酬，牟取非法利益；三是计酬方式是否以直接或间接发展人员的"销售业绩"为依据计算报酬，牟取非法利益。如果符合以上特征，就有可能涉嫌传销。

第四章　树高千尺不忘根

　　感恩奉献，就是对自然、社会和他人给自己的恩惠和方便由衷认可，并真诚回报的一种认识、情感和行为。也就是意识到今天自己获得的一切，不是凭空而来，是大自然、社会、国家和他人的恩泽与奉献的结果，因而应当珍惜与感激。它包括三个层次：一是认知层次，认识和了解自身所获得的恩惠和方便，并在内心认可；二是情感层次，在认知基础上，衍生出一种愉悦、温暖和幸福的情感，从而转化为一种自觉的感恩意识，一种回报恩情的冲动；三是实践层次，将感恩的意识和回报的冲动转化为报恩乃至施恩的行为，并形成习惯，即回报恩情、乐善好施、甘于奉献等。这三个层次相辅相成，形成一个有机的统一体。

　　感恩奉献反映的是一个人不可磨灭的良知。在人生道路上，随时随地都会遇到令人感恩的事。父母亲人的关爱、老师的教诲、朋友的关心，以及在日常生活中、工作中所遇到的他人的关心和帮助，我们都要去铭记，去感恩。感恩不仅仅是为了报恩，因为有些恩情是我们无法回报的，还有些恩情不是等量回报就能还清的，我们只有用心去感动、去铭记，才对得起施恩的人。

　　感恩奉献是一种品德。"滴水之恩，涌泉相报。"感恩奉献是中国人的传统美德，懂得感恩奉献是一个人最起码的道德品质，能知恩、感恩也是懂得真、善、美，分辨是非的最起码的觉悟要求。感恩奉献，人与人、人与自然、人与社会才会变得更加和谐，我们自身也会因为感恩而变得愉悦和健康，人生价值才会得到体现。如果人与人之间缺乏感恩之心，就会导致人际关系的冷淡，所以，每个人都应该学会感恩奉献。

　　感恩奉献是一种责任。感恩奉献是社会上每个人都应该有的基本道德意识，是做人的起码的修养。感恩奉献绝不是简单的回报父母的养育之恩，它更是一种责任意识、自立意识、自尊意识和健全人格的体现。学会感恩奉献，才会懂得付出，有了感恩之心，才会意识到自己有责任去回报社会。我们要学会怎样帮助和感恩别人，更重要的是学会如何承担责任。我们要感恩所有人对于自己的付出与帮助，培养激发自己的责任感，尽己所能去回报给予我们的一切恩情。

感恩奉献是一种情感，更是一种人生境界的体现。常怀一颗感恩之心，我们会形成良好的行为习惯；常怀一份感恩之情，我们会在前进的道路上奋勇拼搏；常怀一种感恩之念，我们已有的人生资源会变得更加深厚，我们的心胸会更加宽阔、宏远。因此，感恩奉献是一条人生基本的准则，是一种人生境界的体现。

感恩奉献是为人处世的力量之源、爱心之根和勇气之本。学会感恩奉献，在与他人的相处过程中，时刻保持一颗谦卑和感恩的心，能主动学会内省、反思，尊重他人的付出，看到他人的给予和帮助，懂得体谅、宽容他人的难处，以平等、尊重、体谅的姿态来处理人与社会、人与自然、人与人之间关系，从而较好地满足人的爱和归属感、尊重、自我实现的需求，获得较好的社交环境，促进自我素质的提升，满足自我价值的实现，赢得别人的尊重及和谐的人际关系。

学会感恩奉献是人一生成长成才的必修课，是每个人需要具备的基本素质。增强感恩意识本身，就是思想道德素质提升的重要内容。感恩意识的强弱，是评价和衡量个体思想道德素质高低的重要表征之一。良好的感恩教育，也是提升个人思想道德素质的有力保障。一个懂得感恩的人，往往善于自我反省，并具有较强的同理心和宽容心，其自律意识、关爱思想、奉献精神由此而生。

第一节　感恩奉献，铭记心间

【案例28】白云（化名）是某大学学生，高中靠捡破烂挣生活费，并以优异成绩考上大学。在好心人的资助下，白云走入了大学校门，之后继续利用课余时间捡破烂攒钱交学费，每天的生活费只有两元钱。得知她艰苦奋斗、自立自强的事迹后，学校师生、社会各界纷纷捐款。

大二时，白云将同学们和社会各界为她捐赠的600元钱拿出来，以自己的名字成立"白云贫困生基金会"，以帮助更多的贫困学生。白云的事迹被媒体纷纷报道，感动了众多读者。她也因此荣获"中国大学生自强之星标兵"称号。

如今，白云已经从原来的学生成长为现在的学校老师。9年来，她设立的基金从最初的600元增长为今天的34万元。截至目前，基金会为同学们捐助衣被2000多件、参考书200余册，提供勤工助学岗位280余人次，有3000多人次受到基金会资金支持，合计20余万元。为帮助贫困学子消除自卑心理，基金会经常举行自立自强报告会，帮他们"精神脱贫"。为了实现自我"造血"功能，基金会成立了爱心洗衣社、废品回收中心、家政服务中心。这些机构的成立，既帮助贫困生找到了勤工助学岗位，又增加了基金会的爱心资金。

目前，基金会有13间办公室，包括基金会文化展览室、爱心书屋、爱心捐领超市、爱心服务部、无息借还款办公室等。基金会的同学们表示，在学校的大力支持下，他们有信心把基金会办得更好，为贫困生提供源源不断的服务。

图4-1　白云老师上课场景

安老师：感恩是一种愉悦的互动，奉献是一种美好的因果，感恩奉献是大学生最长情的成功学。

小爱：最近经常听一首歌《感恩的心》，感觉歌曲旋律动听，歌词写得也很赞，可是到底什么是感恩呢？

安老师：感恩，顾名思义就是对别人所给予的恩德表示感激，是我们个人对自然、社会和他人所给予的恩惠和帮助由衷认可并真诚回报的一种认识、情感或行为。

我们借用马克思曾经说过的一句话，"人是最名副其实的政治动物，不仅是一种合群的动物，而且是只有在社会中才能独立的动物。"说得直白一点就是，我们身处的"社会"这个大家庭，为我们个人提供了生存的环境和条件，同时为我们实现个人需要提供了可能性。我们来看看"人"这个字的构成。"一撇一捺"，就是"相互支撑、相互合作"，才谓之"人"。因此，"感恩"这种人类共同具有的一种认识、情感或行为是根源于人的本质的。也就是说，人只要活着就会感恩，就应该感谢社会、感谢他人。

小时候我们听过的成语故事，比如"饮水思源""投桃报李"等，在我国是传之千古、放之四海的佳话，也集中反映了古人对感恩的崇尚和认同。"感恩"精神，承载着中华民族五千多年灿烂文明的血脉，是华夏沃土上灿若晨星的文化瑰宝，也是我们炎黄子孙做人必须遵守的道德底线。

小志：原来"感恩"还有这么专业、全面的表达，那么经常伴随它一起出现的"奉献"又是什么意思呢？

安老师：奉献，是自觉自愿地为社会、为集体、为他人服务以及做出贡献的行为表现。简单地说，奉献就是不计回报的给予，是"有一分热，发一分光"，是一种牺牲精神。

从这个层面上来说，奉献并不是高不可攀、望而生畏的，它可能是生活中一个小小的举动，甚至是一种细微的、寻常的、极容易被人忽略的场景。你捡起地上一片纸屑并把它放进垃圾桶里，你给饥饿的路人一个馒头，你关紧正在滴水的水龙头，这都是一种奉献。只要别人需要帮助的时候，若能伸手援助就是一种奉献。

在奉献中付出的是青春、是热血、是汗水和爱心，甚至是无价的生命，但我们收获的是一种崇高的情感，是他人的尊重和爱戴，是自己生命的延长。

小爱：刚刚详细了解了感恩和奉献的含义，那么我们要如何做才能算是感恩奉献呢？

安老师：学会感恩奉献，首要任务就是培养感恩奉献意识。用心感受父母、老师、同学、他人、学校、社会、国家、自然等给予自己的点滴恩惠、益处或帮助，努力发现他们的价值，明白这些恩惠并非理所当然，而且十分珍贵，从而激发和唤醒他们对身边的人、事和物的感恩意识，不做道德的麻木者，学会"识恩""知恩"。

其次，就是培育感恩奉献的情感。在我们懂得识恩、知恩的基础上，对自己受到的恩惠心存感激之情，能够对日常生活中得到的恩惠感受真切，感悟生活的美好、人性的光辉，产生一种温馨、温暖的幸福感。

再次，就是形成感恩奉献的能力。我们不仅要心存感恩奉献之念，还必须要有实现报恩的能力，这就要求大学生刻苦学习、锐意进取，提高综合素质和各项能力，为实现报恩的美好愿望打下良好的基础。

最后，就是践行感恩奉献的行动。这要求我们积极投身实践，把强烈的感恩情感外化为持续的"报恩""施恩"行为和举动，以爱、责任、担当去回报他人和社会。

小志：老师，我有一些疑惑，人的能力有大小，那么恩情是不是也分大小呢？

安老师：这个问题真的是问到"点子"上了，在这里要特别跟同学们说一下，如何才算是正确的"报恩"。我们既要报个人的"小恩"，也要报党、国家、人民和社会的"大恩"，努力学习，增长才干，砥砺品质，做一个忠诚于党、忠诚于国家、忠诚于人民，对社会有益的人；同时要认识到"报恩"的形式多种多样，除了物质回报，更重要的是报恩行为和情感；要认识到"报恩"是自觉自愿的，是主动施恩，而不是"还债""交换"，不是被动还恩，既不要"道德冷漠"，又要避免"道德绑架"。

小爱：对于我们大学生来说，学会感恩奉献对于我们个人成长到底有什么意义呢？

安老师：大学阶段，是我们每个人的世界观、人生观、价值观形成和确立的关键时期，我们的健康成长和成才不仅是个人的事情，而且关系到国家命运和社会的发展。而感恩奉献作为一种正确的价值观念正是我们成长成才不可或缺的重要因素。

感恩奉献的意义主要体现在以下三个方面：一是有利于我们树立正确的利益观，学会正确处理集体利益和个人利益的关系，自觉践行社会主义核心价值观，抵制个人主义思想的侵蚀，进而形成和谐的人际关系；二是有利于我们增强社会责任感，心怀感恩，履行自己对国家、社会的责任，自觉做到热爱祖国、遵纪守法、与人为善、爱护环境等；三是有利于我们形成正确的幸福观，将对他人和对社会的无私付出视为幸福和快乐，以实际行动向社会传递温暖和正能量。唯有如此，我们才能更好地成长成才，最终实现全面、健康发展。

小志：安老师，您的话让我们明白了感恩奉献对于我们个人成长的重要意义，那咱们党和国家对我们大学生学会感恩奉献有没有什么要求和希望呢？

安老师：习近平同志连续几年在五四青年节时鼓励青年要勇做走在时代前面的"奉献者"。早在 2013 年，习近平同志在给北京大学考古文博学院 2009 级本科团支部全体同学的回信中，勉励当代青年要"珍惜韶华、奋发有为，勇做走在时代前面的奋进者、开拓者、奉献者，努力使自己成为祖国建设的有用之才、栋梁之材，为实现中国梦奉献智慧和力量"。2014 年，习近平同志来到呼和浩特市儿童福利院看望残疾儿童，他动情地说："有一颗感恩的心很重要，所有的人都要有感恩的心。"2018 年，习近平同志在与北京大学师生的座谈会上勉励当代青年："广大青年既是追梦者，也是圆梦人。追梦需要激情和理想，圆梦需要奋斗和奉献。"这体现了党和国家宏伟大业对青年群体的殷切希望和深情召唤。可见，对我们大学生来说，只有懂得感恩奉献，我们的青春才会在圆梦的征程中焕发出耀眼的光芒，才会突破制约"中国梦"的藩篱，扫清"中国梦"实现的障碍，不断摸索出实现"中国梦"的有效路径，共同筑起实现"中国梦"的"铜墙铁壁"。

【延伸阅读】
大学生，请学会感恩

第二节 感恩戴德，饮水思源

【案例29】周末，在江城芜湖的大街小巷，时常可以看到一位维吾尔族姑娘，她在义务献血的采血车旁献血，在从事维吾尔语翻译的现场忙碌；在安徽师范大学校园里，人们也时常可以看到她，她是学生食堂里忙碌的义工，是咨询室里从容的辅导员……她叫小古，是安徽师范大学首批新疆籍学生之一。在江城求学的日子里，她怀着一颗感恩的心，努力去实现自己的心愿。为了圆心中的教师梦，小古不仅如饥似渴地学习，而且从大一开始就做家教，边勤工俭学，边积累教学经验。自入学后，她深刻感受到学校对她们无微不至的关心与爱护，从宿舍的条件到食堂的民族饮食，从课上讲授到课下辅导，从日常嘘寒问暖到古尔邦节的联欢……滴水之恩，涌泉相报，朴实的小古选择用实际行动回馈社会。入校以后，小古联合班级同学组织成立了学院"心灵护航"服务队，走进芜湖市中小学课堂，义务开展心理健康知识普及与心理辅导，并在大二暑假率队赴江西省某留守儿童学校支教，用专业知识来帮助这群小学生树立起信心。

此外，大学期间，小古加入了心理咨询健康志愿者队伍，累计服务学生近500名，共计1000多小时；三年一直坚持无偿献血，累计献血量超过1000毫升；主动提出在学校食堂当义工；参加"爱心包裹"助学活动，将自己做家教节省下来的钱寄给偏远地区的学生；数次协助芜湖市凤凰山派出所及相关单位进行维吾尔语翻译工作。经过党组织的严格考察，小古顺利成为安徽师范大学首位维吾尔族学生党员。她说，她一定要用实际行动发挥党员的先锋模范作用，尽自己最大的努力做个有用的人来回报社会。

图4-2　小古赴江西支教

安老师： 人是社会的人，社会为个体价值的实现提供了广阔的发展空间和现实的物质基础。同时，也为大学生筑梦、追梦、圆梦提供了和谐安定的良好环境，我们应该回报社会，感恩祖国，做一个对国家、社会负责任的人。

小爱： 说到感恩，我觉得我现在最想感恩的就是我的爸爸、妈妈。但是我经常话在嘴边又咽回去，不知如何说起。

安老师： 有这样的感觉很正常，很多孩子都不太习惯或者说不擅长向父母表达恩情。对父母层面的感恩，主要侧重点就是"孝顺"，也就是说我们应该"敬老""事亲"以回报父母。所谓"羊有跪乳之恩，鸦有反哺之义"，倡导的就是对父母的回报。感恩奉献精神历来与亲情有着天然的渊源，父母的爱，是世界上最伟大的情感，是子女黑暗中的明灯；父母的爱，是避风港，时时接纳、包容、鼓励着自己的孩子。

孔子说："今之孝者，是谓能养。至于犬马，皆能有养；不敬，何以别乎？"意思是子女之于父母仅仅"能养"是不够的，关键是要发自内心地尊敬、感恩双亲，敬重父母的权威、价值观念、成就和经验智慧。听从父母的教诲，尊重父母的劳动，体贴父母的辛苦；不应当攀比，苛责父母；更不应荒废学业，违法乱纪，自毁前程，伤父母之心。感恩父母，从爱惜自己的身体发肤到保全生命，从理解服从到努力认同，从立身行道到扬名后世，都是感恩父母。感恩父母的支持，感恩父母的鼓励，感恩父母无私的爱。因此，我们说，感恩父母是做人之本。

我在这里给大家分享一个关于2017年度"中国大学生自强之星标兵"吴步晨的故事。吴步晨11岁时，他的母亲罹患脑膜瘤，双目失明。高额的手术费让这个普通家庭不堪重负，父亲留下一句"我出去打工挣钱"后就再也没有回来，无助的母亲每天以泪洗面。正在读小学的吴步晨成了母亲的眼睛和全部依靠，他一边照料母亲，一边加倍努力学习。后来，顺利考上大学的他，带着双目失明的母亲一路奔走求学，安徽、湖南、黑龙江都留下了他孝心满满的身影，他用稚嫩的肩膀扛起了全家的希望；他刻苦钻研，成绩优异，在入校不到1年的时间里申请国家发明专利10项；他热心公益，凝聚爱心，召集了身边35位志愿者组建爱心工作室，用自己所长一对一义务辅导挽救濒临退学的学弟学妹。"一切困难和挫折我都会用责任去'接纳'，一切坚持和努力我都会用进步来证明。"吴步晨说。他是哈工大"规格严格，功夫到家"校训精神的优秀传承者，是社会主义核心价值观的扎实践行者，是新时代顽强拼搏的执着奋斗者。

小志：我觉得还要感谢我的老师们，他们关心我的生活和学习，陪伴、指引我成长，他们对我的好，我真的是难以忘记。

安老师：是的，我们每个人的成长，固然离不开父母；但是，一个人要成才，也一定离不开老师。这是因为，一个人只有经过相当数量的各种层次的教育，才可能具备成为人才的各种素质。老师教给我们做人的道理，引领我们进入知识的殿堂，帮助我们释疑解惑。我们的性格、气质、思维方式、兴趣爱好，都或多或少、或深或浅地融入了某些老师的格调。

当今社会，尊重教师已成为尊重知识、尊重人才、尊重科学的重要表现，反映着全社会的精神文明水平。教师是人类文化的传播者，在人类文化的继承发展中起着桥梁、纽带作用。教师运用多种教育手段，引导学生学习文化知识，帮助学生树立远大的理想，形成高尚的道德品质，养成良好的行为习惯。可以说，在学生的成长中，无不凝结着教师的辛勤劳动。今天的我们更应该像毛泽东当年尊重、感激徐特立那样，来尊重、感激自己的老师，要学会尊重老师的人格、尊重老师的劳动及尊重老师的创造。教育事业是神圣的事业，"春蚕到死丝方尽，蜡炬成灰泪始干"正是对教师工作的生动写照。历史上第一个学生守则——《弟子规》就对尊敬师长有严格的规定。

尊敬师长是中华民族的传统美德，也是礼仪规范的一种传统内容。孔子说："弟子入则孝，出则悌"（《论语·学而》），即在家里要孝顺父母，在社会上要尊敬师长。作为深受教师教诲之恩的大学生，更应该热爱、尊敬和感恩自己的老师。中国有句古语："滴水之恩，当涌泉相报"，何况中国人讲究"一日为师，终身为父"，一个人只有尊敬、感恩指引他前进的老师，才会孝敬父母，报效祖国。所以我们说，感恩师长是基本的做人准则之一。

小爱：同样值得感谢的还有我们的学校，学校如同灯塔，为我们的成长和发展领航。

安老师：有人说，人的一生能称之为"母亲"的有三个：一个是生育你、给予你生命的母亲；一个是培育你、给予你广阔天地的祖国；另一个就是教育你、给予你智慧的学校。

四书之一的《大学》开篇就讲："大学之道，在明明德，在亲民，在止于至善。"虽然这里讲的"大学"不是指现代意义上作为学校的"大学"，但它阐明了为学、办学的基本宗旨，即弘扬光明正大的品德，使人革旧图新，最终达到完善的境界。《大学》这一典籍还给我们指出了大学作为"学之大者"所应具有的独善其身、兼济天下的情怀，那就是"格物、致知、诚意、正心、修身、齐家、治国、平天下"。

德国哲学家康德也曾诠释过大学，他说："大学是学术共同体，它的品格是独立追求真理和学术自由。"因此，大学曾一度被人们称为超越现实的"象牙之塔"，"独立、自治、民主、自由和批判精神"成为大学坚守的价值，是知识的殿堂、智慧的聚集之地，是成就栋梁之材的重要场所，也是我们的修身、修心之家，承担着为中国特色社会主义事业培养合格接班人的神圣使命，必须围绕学生、关照学生、服务学生，不断提高学生思想水平、政治觉悟、道德品质、文化素养，让学生成为德才兼备、全面发展的人才。此外，学校还千方百计为贫困大学生完成学业开通"绿色通道"，提供勤工俭学的岗位，组织申报助学贷款，为贫困大学生的成才更是付出了更多的努力，因而学校同样也需要我们感恩。

小志：当然，还应该感恩我们的社会，否则我们如何能够拥有今天和谐、幸福的生活呢？

安老师：马克思说，人的本质是一切社会关系的总和。作为单个的社会成员，我们都生活在相互服务、相互影响的社会大环境之中，都从这个大环境获得一定的生存条件和发展机会，社会有恩于他的每个社会成员，如果没有社会成员之间的施恩和感恩，很难想象一个社会能够正常发展下去。社会为个体价值的实现提供了广阔的发展空间和现实的物质基础。每个个体只有依托群体、依托社会、依托无数陌生人的帮扶，才能生存。我们吃着别人生产的粮食，穿着别人缝制的衣服，住着别人建造的房子，生病了，还要别人照顾衣、食、住、行……样样都离不开别人的努力与付出。每个个体只有依托群体、依托社会、依托无数陌生人的帮扶，才能发展。不论是上司的知遇之恩、同事的相助之恩、朋友的陪伴之恩、夫妻的体贴之恩、兄弟的手足之恩，还是遇险救命之恩、危难相助之恩、困惑指点之恩、伤痛疏解之恩，我们无时无刻不在享受着他人为我们提供的各种帮助与便利。我们应该感恩我们所拥有的一切，感恩每一个为我们的生活提供了方便和帮助的人。

小爱："我爱你中国……我爱你家乡的甜蔗，好像乳汁滋润着我的心窝……"作为一个大学生，我们最应该感谢的就是我们的祖国、祖国为我们实现人生理想提供平台和机会，否则我们无法顺利成长成才。安老师，您怎么看？

安老师：这首《我爱你中国》真是被小爱唱得情真意切，老师都被你打动了。你说得很对，我们最应该感谢的就是我们的祖国。习近平同志告诉我们，"每个人的前途命运都与国家和民族的前途命运紧密相连。国家好、民族好、大家才会好"。他强调，"生活在我们伟大祖国和伟大时代的中国人民，共同享有人生出彩的机会，共同享有梦想成真的机会，共同享有同祖国和时代一起成长与进步的机会。"

在这里，我特别想跟你谈一个扎根基层、奉献社会，实现个人价值与社会价值有机统一的先进学生典型。他叫裴锦泽，和立志投身于大城市的年轻人不同，裴锦泽选择了一条带着泥土的路——公益助农。作为福建农林大学农村区域发展专业的研究生，他来自山区的农户家庭。面对不幸的父母、贫苦的农家生活，经过一番思考，裴锦泽毅然踏上了返乡服务的艰苦之路。大一时，他便成立了"福建农林大学'三农'爱心社"。为了帮助农户解决农产品滞销、务农收益低等问题，他和朋友共同成立了"福州市正当季农业科技有限公司"，策划了土鸡、红柚、雪柑等滞销农产品的营销方案，帮助农户售出土鸡1000多只，实现农产品销售收入10万多元。2015年暑假，他发起了"福建省大学生返乡创业行动"，带领5支大学生队伍奔赴5个地市实践探索，总结出不同类型的大学生返乡创业模式，受到广泛好评。同年组建"三农爱心行"团队，开展支教活动、农村电商指导、美丽乡村建设，形成了常态化的公益助农品牌活动。2016年春节，他带队开展的"寻访农村青年致富带头人专项行动"帮助寒潮受灾企业众筹建设资金30万余元，得到了众多媒体的关注和报道。在公益助农的道路上，裴锦泽逐渐意识到，只有年轻人回去了，乡村才有希望。为此，他受邀在清华大学、福建农林大学、莆田学院等各大院校分享自己的经历，不遗余力地对有志于服务乡村、返乡创业的大学生进行帮扶。他说他要在未来的人生之路上做一颗青年返乡的铺路石！

每个大学生都是社会中的一分子，在国家进入新时代，全面建成小康社会的新时期，个人的积极进取、努力奉献，将推动社会的文明与进步，而社会的发展又为个人的发展提供越来越充分的物质文明和精神文明成果，为个人利益的满足提供机会和条件；个人利益的实现，个人得到全面发展，反过来又激励人们去巩固发展社会集体利益。个人利益与集体利益的统一，要求我们感恩国家、感悟祖国人民的关爱之情，增强社会责任意识，报效祖国，为实现中华民族的伟大复兴努力学习、不懈奋斗，让青春在为祖国和人民的真诚奉献中绚丽多彩，让人生在国家和民族的伟大事业中闪闪发光。

小志：现在我们都在讲建设"美丽中国"，可我们往往容易忽略感恩我们的大自然"母亲"，不敢想象大自然遭到破坏，我们将会遭受何种灾难。

安老师：小志同学很有远见之明。感恩自然，是感恩一切的源头。大自然是万物之母，它为所有生命的孕育和延续提供必不可少的资源，这位神奇的造物主为人类生存发展提供了良好的栖居地。"天人合一"思想是中国传统文化的思想核心，它凸显了古人对自然的高度尊重。对于赐予人类生命的大自然，人们应该心怀敬畏和感恩。一个懂得感恩的人是不会忘记感恩大自然的。人是自然的一部分，人与自然的关系不仅表现在人通过自然界获得生存所必需的物质生活资料，还表现在人能够效法自然，从自然界事物的发展规律中吸取经验、教训，从而有利于人类自身的积极进取。所以，人类必须感恩大自然的博大无私，做到善待和敬畏自然。事实上，人们善待自然，就是善待自己。反之，违背自然发展规律、污染环境，不仅会造成生态环境的恶化，而且必然会危及人类的健康和命运。

第三节　恩义不知，幸福难在

【案例30】在瓷城醴陵，陈自绪的名字几乎家喻户晓。1999年至今，他一直专注于扶贫助学志愿服务活动，为捐资济困四处奔波。17年间，他走访了醴陵569个行政村、449所学校，写下500多万字的调查笔记，累计帮助1123名贫困学子圆了上学梦。如此义薄云天的善行，感动了广大市民，也获得了社会的高度评价。陈自绪希望受助学子入学后能寄张照片给他。他以十年中收到的照片数与当年受助人数构成的比例为纵轴，以年份为横轴，形成了一条整体趋势下滑的曲线。开学至今，湖南醴陵市老人陈自绪一直在家等着今年联系资助的22名贫困大学生的消息。21个孩子主动打来电话，3个孩子给他写了信，1个孩子寄来了照片，但也有1个孩子是他托人才回电话的。过去十年中的154名大学生，只有78人寄来了253封信。"我是个失地农民，没钱直接帮助他们，我只是一个爱心人士和受助学生之间的媒人，"陈自绪说，"现在学生、家长和学校都看重分数，要是在教孩子成才的同时，多教孩子成人，让他们至少懂得知恩言谢，该多好！"

图4-3　陈自绪走访贫困学子家庭

安老师：知恩图报是中华民族的传统美德之一，资助是以物质赠予为媒介的社会活动，更是传递关爱、互助情感的心理互动。因而需要受助者心怀感恩，才能形成良性互动，做到心存感恩之情，身行感恩之举。

小志：我觉得我们中有些接受资助的同学不懂得感恩奉献，原因之一就在于他们并不知"恩"从何来。

安老师：我很赞同你的观点，总体来看，绝大多数学生都能心怀感激之情，乐观向上，敢于担当，并积极参加学校和社会上的一些公益活动，尽最大努力回馈社会、回馈他人，受到学校和广大师生的一致好评。但少数受助学生感恩意识淡薄或根本无感恩之心，主要在于认知层次上不知恩，在情感层次上不感恩，在意志层次上不报恩。我们从"资助"的定义来看，既包括物质上的帮助，又包括情感、心理、精神上的关爱。物质赠予是桥梁，情感互动才是目的。

但很多受助者在接受资助后并没有表现出应有的感恩意识，反而认为得到资助理所应当。例如：对父母的辛劳付出不知感恩，认为父母这样做是天经地义；对学校的资助不知感恩，个别学生还对资助金额抱怨有加，认为不公平，有的甚至为争取学校资助造假材料、办假证明，做出一些违背做人原则、社会公德的事情；不知感恩政府和社会，部分受助者在接受国家助学金、奖学金、助学贷款等资助时，认为是理所应当，丝毫没有感恩之情；还有部分学生在接受社会资助时，当时表现得乐观积极，甚至做出诸如回馈社会、回馈他人的承诺，一旦资助到手便将承诺抛之脑后，个别学生甚至做出与当初承诺相违背的事情，严重影响了学校声誉。

曾经一位老华侨，归国后想资助一些贫困地区的学生，于是，在有关部门的帮助下，他找到了一些有受捐需求的孩子的联系方式与地址，给每人寄去一本书、一些笔，并随书标注了自己的电话号码、联系地址以及邮箱等信息。老华侨的家人和朋友十分不理解老人的做法，为什么送一本书还要留下联系方式？在不解与质疑声中，老人像是焦急地等待着什么，或是守在电话旁，或是每天几次去看门口的信报箱，或是上网打开自己的邮箱。直到有一天，终于有一位收到书的孩子给老人寄来祝贺节日的卡片（也是唯一与老人联系的孩子），老人高兴极了，当天就给这个孩子汇出了一笔可观的助学资金，同时毅然放弃了对那些没有反馈消息的学生的资助。这时家人才明白，老人是在用他特有的方式诠释"不懂得感恩的人不值得资助"的道理。

资助让受助者得到物质支持和精神鼓励，同时资助者也会因受助者的感激而得到精神回报，资助者要慷慨解囊，受助者要心怀感恩，才能形成良性互动，资助活动才能实现双赢。

小爱：老师，我实在想不通，您说是不是我们这一代人成长环境出现了问题才造成有些同学不懂感恩奉献啊？

安老师：这个问题比较复杂，它属于内部和外部多种因素共同作用的结果。顺着你的思路，我们先来剖析剖析"外因"吧。首先我们从价值观层面来看，当前正处于转型期的中国社会，随着市场经济的改革和推进，带来了利益主体、利益观念的多元化，国际、国内的各种思想文化潮流也相互涤荡，人们的思想观念和价值取向也受到了不同程度的冲击。"感恩"一词在一些人眼中似乎已经过时了，加之社会上关于感恩奉献教育的宣传不是很充分，过分"张扬个性"的人们只顾满足自己的一己私利，甚至不惜突破道德底线、挑战法律权威，却从未想过要为社会贡献一己之力。这些都动摇了传统感恩价值观的主导地位。同时，虚拟网络对于人际关系的消极影响，使得部分大学生不可避免地会忽视现实世界的人际交流，造成了人际关系淡化，不少人患上了"人际孤独症"，突出表现为情感淡漠、不讲道德，不论恩情。

当然，父母是子女的第一任老师，更是子女一辈子的老师。家庭教育对孩子的影响是持续的、终生的。家庭教育在大学生的品德形成过程中发挥着举足轻重的作用。但是，家庭教育的现状与质量却令人担忧，主要表现在：

一是重溺爱，轻教育。现在的大学生大多是独生子女，都是在父母爱的浇灌下成长起来的，许多父母在生活中极尽呵护和溺爱，总是竭尽所能满足孩子的物质需求，宁可自己少吃，也要让孩子吃好；宁可自己少穿，也要让孩子光鲜，给子女创造养尊处优的生活条件，这导致孩子缺乏生活自主能力，养成骄纵、自私、以自我为中心的性格。另外，我国传统的育子观念是"再穷不能穷孩子"，"一切为了孩子"，不少家长认为对子女的付出是理所当然的，一味奉献，不教育子女感激感恩。在这种氛围下，大学生习惯了父母的付出，认为这是天经地义的，逐渐丧失了爱的本能，养成了"只索取、不感恩"的错误观念，使本应是父母、子女双向互动的情感异化为父母无私奉献的"单边行动"。

二是重智育，轻德育。受"望子成龙，望女成凤""光宗耀祖"等传统观念的影响，学习成绩优异成了父母对子女的最大期望，似乎学习成绩好就能"一俊遮百丑"，家长忽视了对子女的道德教育、人格教育和情感教育，导致学生人格不健全、社会责任感缺失。

三是重言教，轻身教。"身教重于言教"，在家庭中，父母的一言一行对于子女人格特征和思想品质的形成具有潜移默化的作用，他们的道德准则、行为方式都是子女学习的榜样。只有良好的、和谐的、真实的生活教育环境才能更好地培养子女的感恩之心。不少家长内心缺乏感恩意识、感恩情怀、感恩格局和感恩意志，心口不一，言行不一，说一套做一套，从而使子女失去了对父母的信任，家庭教育变得苍白无力。

此外，"一言不合就打"简单粗暴式的教育，不仅给孩子带来肉体和心灵的伤害，同时也激起了他们内心反叛的小火苗。

小志：老师，忍不住打断您一下，您讲家庭方面原因的时候我真的是深有感触，我爸妈就是，总是喜欢替我考虑这考虑那，害得我以前总觉得他们对我的爱是理所当然的，现在很是惭愧。那除了老师您说的这两个方面还有没有什么别的原因呀？

安老师：除了社会环境和家庭环境这两方面，我们的学校教育在这方面也是存在着困境的。学校作为对学生进行思想道德教育的主阵地，是有计划、有组织、有目的的教育，对学生的健康成长起着潜移默化的影响。当前，高校思想道德教育面临许多新情况、新问题，存在许多薄弱环节，主要表现在：

一是教育阶段的脱节。中小学教育关注升学率，以升学为导向，感恩教育难以成为学校教育的重点，取得实质性的成效。这些考入大学的学生们并未接受系统、有效的思想道德教育，没有真正度过心理幼儿期，许多人出现情感淡漠、自私、刻薄等问题。高校得"回炉""补课"，出现了"小学教知识，大学教做人"的怪现象。

二是教育取向的偏差。就业率关乎高校的生存和发展。部分学校为了提升就业率，更关注学生专业知识和就业技能的培养，忽视道德教育、情感教育、人文教育，存在重"教书"轻"育人"的教育取向，感恩教育处于"说起来重要，做起来次要，忙起来不要"的尴尬境地。另外，传统的教育教学基本上是以老师为主体，更多注重的是对知识的传授，德育的教学方法也是那种压迫性的注入式的方式，完全否定了学生们的主观能动性，忽视了教学要更多地关注学生的生活及接受心理需求，使学生长久以来养成了为了工作而学习的错误学习思想。

三是教育创新的不足。大学生感恩教育生搬硬套、随意性大、内容陈旧、方法单一。枯燥无味的知识灌输，苍白无力的说教方法，令人烦倦的规范教育以及脱离学生实际生活的传授内容，这样的教学只是将抽象的行为规定硬塞进学生头脑中，使其单纯地接纳感恩知识，浅层说教的感恩教育难以达到提升学生个人感恩素养和自我道德意识建构的目的。这种空洞的教育只能将学生教育成盲目服从指令、机械听从指挥的机器，而不是能动的个体。此外，学校感恩教育形式的单一不能引起学生心理上的共鸣，使得一部分学生缺乏相应的情感体验，对于感恩教育的热情度不高，感恩教育的效果自然甚微。

此外，还有一些高校即使将感恩奉献教育引入了大学生思想政治教育中，但在实施的过程中也存在着感恩奉献教育过于简单化和形式化的问题，很少把感恩奉献教育活动系统化，缺乏长远的规划，因而只能让学生感动一时，很难具备较强的教育感染力。

小爱：听老师您这么一说，那造成有些同学不懂感恩奉献的"内因"又是什么呢？

安老师：我们来一起分析分析"内因"到底是什么。不可否认，当前，一些"95后""00后"大学生表现出了自立意识、责任意识、感恩奉献意识淡薄的特点，他们只顾自己的需求和喜乐，从不在乎家庭、社会和学校在提供各种外在的生存发展条件上的不易，从而忽视了个体的品德修养，漠视了自己应当担负的责任和义务。

一方面，现在的大学生大多是"95后""00后"，年龄大多数在18至25岁之间，处于青春期后期，是从青年过渡到成人的阶段，也是"心理断乳"的关键期。心理断乳，意味着个人离开父母、家庭的监护，成为独立的个体，建立自己独立的心理世界。他们的智力发展达到高峰，但缺乏辨识能力，在心理上发展不成熟。在这个年龄段，他们的抽象逻辑思维能力占据主导地位，思想活跃，精力充沛，反应敏捷，善于独立思考，敢于标新立异，自我表现欲强，具有顽强的探索精神。但他们毕竟缺乏社会实践经验，思想易脱离实际，有时好走极端，表现出一定的片面性和盲目性，往往不分是非良莠，易受错误思潮的影响，缺乏分辨能力，对于社会上的一些不良风气缺乏正确的认知。

另一方面，极少数大学生性格敏感、容易冲动、意志力较差，当没有外部监督和约束的时候也难以自律。在追求自我价值实现的同时，以自我为中心、缺乏责任感、功利主义严重。略有成就就会盲目自大，而稍遇挫折就会垂头丧气、萎靡消沉，这些都导致以自我为中心的小部分大学生不能做到心存感恩之情、身行奉献之举。

此外，极少数大学生对感恩认知存在偏差。大学生由于还没有完全地踏进社会，缺乏人生阅历，对一些道德行为不具备正确的判断能力，对社会的一些不正之风和不良现象缺乏正确的判断、理解和认知，容易产生认知上的偏差，对感恩的认知亦是如此。哪些是恩惠？要不要感恩？如何知恩、念恩、报恩、施恩？每个大学生的理解并不一样，更不一定准确。特别是当道德要求与社会实践不一致时，他们的内心更会产生困惑或不解，从而可能影响对感恩的正确认知，可能采取"随大流"态度，放弃道德追求。虽然仍有部分大学生知道应该感恩，但并没有将感恩的理念付诸实践，或者报答恩情是有目的性的。从深层次看，这些大学生仅仅只是学会感恩的相关知识，感恩意识并没有内化，本质上看仍然是感恩认知的偏差。

小志：说句实话，很多同学其实还是有感恩奉献的意识的，但是缺少应有的感恩行动，您怎么看呢？

安老师：你的观察很犀利。不可否认，虽然多数受资助的学生能深切感受到生活的艰辛和不易，理解受到资助的重要意义，但一些学生在实际行动上却不能做到知行合一，使资助的效果大打折扣。具体表现在以下几个方面：

一是不能做到生活节俭如一。部分受助学生过分爱慕虚荣，盲目与其他学生攀比，或怕被其他学生嘲笑，在接受资助后，生活依然大手大脚，铺张浪费。

二是不能做到自立自强。为减轻受助学生学习、生活上的经济压力，许多高校针对受助学生都设有勤工助学岗位，但部分受助学生碍于面子，不愿、不想通过自己的劳动勇敢担当，有的受助学生对助学岗位挑肥拣瘦等。

三是不能做到诚信还贷。为帮助经济困难学生顺利完成学业，国家设有助学贷款政策，但部分受助学生在毕业参加工作后，不能按照当时的协议承诺认真履行还贷义务，找各种借口推脱，致使国家遭受损失。

四是不能做到勇于奉献。当具体到需要大学生响应国家号召去那些艰苦地区就业发展的时候，部分学生还是表现出了犹豫或不愿意，这也充分反映出当前部分大学生虽然对国家和社会怀有感恩情愫，也有感恩的意识，但当真的付诸实践，特别是牵涉个人利益且个人利益与集体利益发生正面冲突的时候，他们却往往徘徊不定，表现出较为犹豫的态度。

小志：有的同学觉得我们是学生，没有能力去感恩奉献，安老师您觉得呢？

安老师：你的问题刚好反映了学生常常会陷入的一个误区。我在这里重点说一下。感恩不仅要有感恩、知恩的意识，还要采取实际行动回报施恩者。然而，我们有一部分学生在接受资助后，报恩回馈的意识和行动严重缺乏，在别人急需帮助时不能毫不犹豫地伸出援助之手。事实上，对于学生来说，更应该在思想、心理、行动上永存大爱，在力所能及的范围内，利用各种机会传播爱心、奉献社会，帮助更多需要帮助的人，做到主动奉献、传递真情、回报社会，以此带动整个社会风尚的形成。

第四节　知恩于心，奉献于行

　　【案例31】王娟，安徽师范大学2008级地理科学专业学生，曾获国家励志奖学金、校首届"自强之星"、校"优秀学生干部"、校"暑期社会实践先进个人"等荣誉。2009年，她作为安徽师范大学暑期社会实践国家级重点团队"热血青春，情洒巴蜀"赴川支教唯一一名大一新生，深入"5·12"地震灾区达州市大竹县深山义务支教30天并负责对外宣传、联络事宜。2010年，她再次带领9名同学赴川支教。作为队长，身系9名队员的人身、财产安全重任，离家千里、通讯不畅、余震不断、生活艰难，每天除了繁重的课程安排，她还要负责解决九位队员的吃饭问题。作为"90后"的她在那样的艰难环境中，所要承受的重担是难以想象的，但她都坚持了下来。她的先进事迹经校党委宣传部整理后向媒体推荐，新华社、人民网、《中国妇女报》等众多国家级媒体予以报道，灾区政府及受援学校送来锦旗和感谢信。实践归来后，家境贫寒的她将学校给予的奖励和营养补助共计5800元现金全额寄给支教地的贫困学童。同时，她在辅导员老师的帮助下利用奖学金和勤工俭学所得创立"川夏爱心基金"，如今，该爱心基金已帮助安徽师范大学多名贫困同学挺过难关、继续学业。

图4-4　王娟赴川支教

　　安老师：大学生社会实践活动，是帮助大学生提高自身素质、发挥知识技能优势、服务社会的重要渠道和有效载体，让大家能在社会实践中受教育、长才干、做贡献。

小志：常听学长学姐分享暑期"三下乡"社会实践的故事，具体是怎么一回事呢？

安老师：对于大学生来说，社会实践真的是一个必谈且十分重要的话题。我们从社会实践的内容和意义来看，它主要是以了解社会、服务社会为主要内容，以形式多样的活动为载体，以稳定的实践基地为依托，以建立长效机制为保障，引导大学生走出校门、深入基层、深入群众、深入实际，开展教学实践、专业实习、军政训练、社会调查、生产劳动、志愿服务、公益活动、科技发明和勤工助学等。

通过"三下乡"实践活动，既促进了先进生产力的发展，又帮助和引导大学生按先进生产力发展要求成长成才；既传播了先进文化，又帮助和引导大学生接受先进文化的哺育；既服务了人民群众的根本利益，又服务了大学生的全面发展。

大学生"三下乡"，有利于了解民情，体察农村生活的艰辛，从而培养了大学生对农民的感情。只有对农民和农村有了感情，才能让大学生和农民的心贴得更近，大学生才能真切感受到耕耘的艰辛和收获的喜悦，才能真正地树立为"三农"服务的意识，才能更好地为社会主义新农村建设服务，才能真正地实现社会的和谐。

大学生"三下乡"，有利于增长才干，磨炼品格和意志。通过下乡所开展的活动，使处在象牙塔中的大学生分析和处理事务的能力得到一定的提高，在活动中通过和其他人的交流，使大学生们可以认识更多的朋友，可以借鉴他们分析和处理问题的方法，从而使自己有所提高。

总而言之，在实践中受教育、长才干、做贡献，树立正确的世界观、人生观和价值观，努力成长为不仅拥有扎实的专业知识和应有的文化素质，同时拥有一颗时刻帮助他人的爱心，时刻为祖国的未来发展准备着，贡献自己一份微薄的力量的时代新人。

小爱：老师，我常听学长学姐他们提起大学生志愿者活动，那么参加志愿者活动，对我们的未来又会有什么影响呢？

安老师：对于大学生来说，课业负担和高中相比骤然减轻，可以多参加丰富的校园活动，如果还想增加社会经验，那就是去做志愿者。在西方社会，志愿者活动是很常见的，很多人从小就开始做，不仅可以获得相关的社会经验，帮助他人，还可以增加进入大学的砝码，因为他们没有和我们一样的高考制度，很多人只能通过这些活动来证明自己。参加志愿者活动有以下几点收获：

一是可以积累实践经验。大学会给同学们提供很多选择，针对不同的领域，会有不一样的体验和收获。比如帮助特定人群的，和现下热点相关的，可以使用专业能力的，可以挥洒热情的……你可以在任何领域进行尝试，这都将成为你的经验，是宝贵的财富。

二是可以增长知识。除了社会经验，很多学校组织的志愿者活动和专业相关。在活动中，同学们会遇到很多前辈或是专业人士，跟着他们可以学到很多在书本里无法学到的知识。比如一些大型的会议、一些接待国际人士的机会，这些对于缺少实践的学生们来说都是非常有益的。

三是可以传递爱心。很多的志愿者活动，不仅是帮扶这么简单，还是传递爱心的活动，让一些弱势群体，甚至整个社会感到温暖。大学生们的专业知识和青春热血，都让他们能更好地完成这一类的活动。志愿者活动让社会的各个阶层都能参与到同一件事情中，有着良好的社会影响力。

小安：我也很想去参加志愿服务，做一些力所能及的事情去帮助那些有需要的人，可是我却不知道该怎么做才好。

安老师：你有这份心很好。那么我还是要来给你普及一下关于志愿服务的知识。志愿服务，通常是指学生不以获得报酬为目的，自愿奉献时间、智力、体力和技能等，帮助他人、服务社会的公益行为。尤其是学生志愿服务，要遵循自愿、公益原则。大学生可以开展的志愿服务活动比较丰富，主要包括：普及文明风尚志愿服务、送温暖献爱心志愿服务、公共秩序和赛会保障志愿服务、应急救援志愿服务以及面向特殊群体的志愿服务，等等。学生志愿者在志愿服务过程中要弘扬"奉献、友爱、互助、进步"的志愿精神。

在我们开展志愿服务的过程中，应当遵循自愿、无偿、平等、诚信、合法的原则，不得违背社会公德、损害社会公共利益和他人合法权益，不得危害国家安全。我们要把志愿服务作为培育和践行社会主义核心价值观的重要平台和载体，积极投身其中，用我们的双手塑造美好，用智慧服务社会，用行动传播爱心，营造传递友爱、共襄善举、守望相助的社会风气，使社会主义核心价值观在潜移默化、润物无声中浸润群众心底，融入日常生活。

此外，同学们还可以根据自己的兴趣和特长，积极报名参加中国青年志愿服务项目大赛。凡贯彻中央关于志愿服务工作的决策部署，遵守法律法规，促进社会进步，推动公益事业，弘扬奉献、友爱、互助、进步的志愿精神，自愿向社会和他人提供服务，且具有一定周期的志愿服务项目，均可参加。

小爱： 那有没有关于志愿者的组织可以指导我们参加志愿服务活动？

安老师： 有啊。有一个由志愿从事社会公益事业与社会保障事业的各界青年组成的全国性社会团体——中国青年志愿者协会（英文名 Chinese Young Volunteers Association，简称 CYVA）。该协会成立于1994年12月5日，是中国共产主义青年团中央指导下的，由依法成立的省、自治区、直辖市青年志愿者组织和全国性的专业、行业青年志愿者组织和个人自愿结成的全国性的非营利性社会组织，是全国青年联合会团体会员，国际志愿服务协调委员会（CCIVS）联席会员组织。通过组织和指导全国青年志愿服务活动，努力弘扬"奉献、友爱、互助、进步"的志愿精神，推动社会主义精神文明建设，促进社会主义市场经济体制的建立和完善，提高青年的整体素质，为经济社会的协调发展和全面进步贡献力量。协会在宪法和法律许可的范围内开展工作。

它的主要任务就是改善社会风气和人际关系，为发展社会主义市场经济创造良好的社会环境；适应社会主义市场经济发展的需要，推动青年志愿服务体系和多层次社会保障体系的建立和完善；培养青年的公民意识、奉献精神和服务能力，促进青年健康成长；为城乡发展、社区建设、扶贫开发、抢险救灾以及大型社会活动等公益事业提供志愿服务；为具有特殊困难以及需要帮助的社会成员提供服务；规划、组织青年志愿服务活动，协调、指导全国各地、各类青年志愿者组织开展工作；培训青年志愿者；开展与海内外志愿者组织和团体的交流。

小志： 今年我有个同学当兵去了，现在世界这么和平，我们大学生还有入伍当兵的必要吗？

安老师： 你的问题问得很好。为什么要当兵？这个问题在和平年代对于大部分学生来说，并没有清晰的答案。确切地说，我们不是生活在一个和平的年代，而是生活在一个和平的国家。

在这里我举一个例子，那就是北大"90后"女生宋玺。2012年，宋玺进入北京大学心理与认知科学学院学习。与其他学生不同，宋玺还是一名艺术特长生。2014年，她作为北京大学学生合唱团领唱参加拉脱维亚的第八届世界合唱比赛，为中国赢得了两枚金牌。她更想做的事情是入伍当海军。大四时，她如愿入伍，前往南海某新兵训练基地。在新兵训练的实战考核中，她以全优的成绩加入海军陆战队，成为一名侦察员。因表现优异，作为唯一一名女陆战队队员加入中国海军第二十五批护航编队，赴亚丁湾、索马里执行护航任务。她曾在亚丁湾索马里海域，和她的战友们经过7小时的急速出击，顺利营救出被海盗绑架的19名船员并成功抓获海盗。如今，她已退伍回校继续学业，成功在部队和社会上树立了北大学生的良好形象。心怀从军报国梦想的她说，等研究生毕业，她还要去当兵，她已将自己的人生与军营紧紧联系在一起。由此可见，大学生是国家的宝贵的人才资源，大学生参军入伍，既是巩固国防和建设强大军队的迫切需要，又是服务经济社会发展和维护国家长治久安的客观要求，是一项利国、利军、利民的大事、好事。参军报国既是磨砺人生，实现理想的重要途径，又是报效祖国、服务人民的高尚行为。

此外，大学生走入军营，能够改善部队士兵队伍的素质结构，为军队信息化建设注入生机和活力；大学生士兵退役后，经过军队这个"大学校""大熔炉"的培养教育，能吃苦、有特长、守纪律，必将在地方各行各业中发挥重要作用，让我们积极响应祖国号召，尽职履行兵役义务，到火热的军营中施展才华，挥洒汗水，为实现强国梦、强军梦贡献自己的力量！

小爱：我们大学生参加公益活动有什么意义呢？

安老师：公益活动是指一定的组织或个人向社会捐赠财物、时间、精力和知识等的活动。公益活动的内容包括社区服务、环境保护、知识传播、公共福利、帮助他人、社会援助、社会治安、紧急援助、青年服务、慈善活动、社团活动、专业服务、文化艺术活动、国际合作，等等。

我在这里给大家郑重介绍一位公益之星，被媒体称为中国"零捐款"公益第一人、中国"90后公益领袖"，他就是郭咏。郭咏是临汾市的农家孩子，父母早亡，和奶奶相依为命，在邻里乡亲的帮助下郭咏得以走进学校读书。善良的奶奶常常教导他，受人滴水之恩，当涌泉相报。勤奋好学的他，渴望有朝一日用知识改变命运，回报乡亲。考上大学后，他号召几个要好的同学创办了"北京公益联盟"，也就是"零捐款"公益，专为孤寡老人、身心障碍儿童等弱势群体提供无偿服务。同时，他开通了国内首个身心障碍求助热线，并提出"无障碍进社会"，为身心障碍人士提供出行、心理、法律、信息、医疗等无偿服务。经过多年的努力，目前"零捐款"的成员由最初的几个人发展到现在的全国近15万志愿者，并和全国40多所高校建立了长期合作关系。郭咏说："公益已经成为我生活的一部分，公益不是有钱人的特权，只要我们有一双手和一颗爱心，随时随地都可以做公益。我就是想告诉大家通过自己辛勤的双手和一颗感恩的心，去给那些需要帮助的人带来一些帮助，让他们相信这世界充满爱，让更多人不因自己的贫穷而远离公益。"

组织开展公益活动，体现了助人为乐的高贵品质和关心公益事业、勇于承担社会责任、为社会无私奉献的精神风貌，能够给公众留下可以信任的美好印象，从而赢得公众的赞美和良好的声誉。

此外，你还可以根据自己的兴趣和特长，积极报名参加"创青春"全国大学生创业大赛公益创业赛，该赛事面向高等学校在校学生，以创办非营利性社会组织的计划和实践等作为参赛项目。

第五章　一撇一捺写人格

　　诚信是中华民族的传统美德。在中国，历代先贤始终把诚信作为立身之本和为人处世之道。孔子说："人而无信，不知其可也"。孟子也曾说："诚者，天之道也；思诚者人之道也"。司马光也说道："夫信者，人君之大宝也。国保于民，民保于信。非信无以使民，非民无以守国。是故古之王者不欺四海，霸者不欺四邻，善为国者不欺其民，善为家者不欺其亲"。正是因为诚信这个传统美德的流传，才使得历史至今流传着许多美谈佳话，如"曾子杀猪，取信于子""一诺千金""一言既出，驷马难追"……

　　进入21世纪，进入新时代，中国将告别贫困，走向繁荣富强。但无论时代怎样变化，我们都将始终牢记这些立身处世的诚信传统美德。党的十八大以来，国家倡导公民个人层面"爱国、敬业、诚信、友善"。"诚信"作为重要组成部分，是对中华民族传统美德的继承，作为当代大学生有义务、有责任发扬传统美德，不断加强自身诚信建设，引领诚信人格发展，树立崇高的人生理想和信念，争做德、智、体、美、劳全面发展的社会主义建设者和接班人。

　　本章将介绍诚信的含义、诚信在中国历史上的发展变化、诚信的时代意义和对大学生的要求、校园诚信的重要内容以及征信等方面的内容和知识，让学生了解、掌握和传播诚信的基本美德知识，促进学生树立"人无诚信不立、国无诚信不强、社会无诚信而危"的诚信理念，培养诚实守信的良好品质，努力做到诚信立身，说诚实话、办诚实事、做诚实人，争做诚实守信的社会公民，为弘扬中华民族传统美德，践行社会主义核心价值观努力实践奋斗！

第一节 知诚讲信，传承美德

【案例32】"原玉泉楼烤鸭店在姚多保承包期内的债权债务已清偿完毕，如有遗漏，请主动联系清偿。原大通区李春田，田区胡忠田、陈建淮请主动与我联系。"《淮南日报》上一则仅几十字的"声明"，让声明人姚多保进入众多读者视线。

图5-1 姚多保偿还债务

故事要从20多年前说起。1992年，姚多保承包玉泉楼烤鸭店并担任总经理，1994年7月，正在经营中的玉泉楼烤鸭店被所属单位接管，留下一批债权和债务。"经结算，四五十名员工的工资加上鱼贩、鸡贩的货款等，一共欠下了29.4万元的债务。"姚多保告诉记者，酒店被接管后，自己也随之提前退休，离开单位时他将每一笔欠账的底单都整理好带回家，从此走上漫长的还债路。

姚多保的儿子、儿媳都是西安市的公务员，女儿是深圳的一名教师，女婿在深圳开公司。为了尽孝心，儿女们多次要求姚老搬过去同住，全家人共享天伦之乐，但都被姚老拒绝了。20多年来，姚老和老伴一直住在洞山老宅，只为债主们方便寻找，只要有人来要债，他都想办法一分不少地还上。

经过多年的还债，29.4万元已基本还清，唯独还有李春田、胡忠田、陈建淮这三笔钱未还。姚多保曾多番寻找这几人，他曾通过派出所查询这几人的住址，可是找上门时才发现，这些地方早已拆迁，于是他萌生了登报寻人的念头。

相对于登报产生的费用，欠这几个人的几十块钱显得微不足道。很多人对姚多保的做法表示不理解，甚至有人说他"有毛病"。"我觉得欠债还钱是天经地义的事，我不把钱还掉，会觉得心里有个疙瘩没有解开，"姚多保说，"欠下了钱一定要还掉，找到他们把钱还了，也是自己人生的一次自我完善。"

安老师：诚信是中华民族的优良传统美德之一。人无信不立，业无信不兴，国无信不昌。大到国家，小到单位或者个人，诚信都是一个人立身处世的根本品质。

小志：我了解到"诚信"是中华民族的传统美德，您能告诉我到底什么是"诚信"吗？

安老师：在我国，诚信是一个道德范畴，被认为是公民的第二个"身份证"，是诚实品质和信用行为的统称，它是一种无形资产。一般情况下指待人处事真诚、老实、讲信用等。

从字面来说，诚信是一个合成词语，由"诚"和"信"组成。宋代理学大家周敦颐和朱熹都有过关于"诚"和"信"的经典论述，他们认为"诚，五常之本，百行之源"，"信犹五行之土，无定位，无成名，而水金木无不待是以生者"。"诚"就是由内而外的内心真诚的品质，即"诚于中"，体现出道德层面的意义，表现为真心、真言、真行，没有欺瞒和虚伪；"信"就是真实可信、言行一致，即"形于外"，表现为外信于人，体现在个人信守诺言、恪守承诺之上。"诚""信"二字相互贯通，互为表里，相辅相成，共同成为人们立身处世的规范。"诚"表现在内，"信"表现在外，"诚"是根本、基础，"信"是结果、象征，"诚"通过"信"表现出来，统一于"诚信"之中。二者组合，构成了诚信的基本含义，表达的是诚实不欺，讲求信用，强调人与人之间应该真诚相待。

小爱："诚""信"二字相互贯通，互为表里，我们该如何理解"诚信是人们立身处世的规范"这句话呢？

安老师：诚信具有道德层面的意义。在我国古代，诚信更多地表达是道德范畴的意义。他们认为，"虽有仁智，必以诚信为本。故以诚信为本者，谓之君子。以欺诈为本者，谓之小人"。特别是古代受儒家思想的影响，更把诚信作为人与人、人与社会关系的基本道德规范，作为人的最重要的道德品质。

从道德层面来说，诚信所表现的是认知、言语、行动的有机统一的道德品质。

诚信也具有法律层面的意义。在现代社会，诚信延续了传统的道德层面的意义，又受到西方契约精神和法律制度的影响，有了新的理性含义，表现为应当履行的责任和义务。从法律的角度来说，诚信是一种行为规范和为人处世的准则，具有法律的约束力和强制实施力。

因此，无论从道德层面还是法律层面来说，诚信都是人们在社会生活、交往、交流中的重要组成部分，是人们立身处世的重要行为规范。

小志：听您这么说，我对"诚信"二字有了深刻的认识，那古往今来，人们对"诚信"的认识是如何变化的呢？

安老师：随着社会历史的变迁，诚信被赋予了更多、更丰富的内涵。诚信的历史变化，大致可分为以下几个阶段：

一是萌芽阶段：春秋时代以前。上古时代和夏商周时期，人们只能依赖自然为生，对自然表现出较强烈的敬畏感和崇敬感，对诚信的认识还停留在比较初级的阶段。在这个时期，诚信主要表现在个人对集体（首领）的忠诚，个人对神灵的虔诚。

二是形成阶段：春秋至战国时代。当社会经济不断发展，人与人之间的交流越来越频繁，社会组织联系越来越紧密，彼此的信任和依存度增加，加上百家争鸣的社会思想的影响，传统的关于"诚"和"信"认识的思想逐步形成。如"反身而诚，乐莫大焉"，"父子有亲，君臣有义，夫妇有别，长幼有序，朋友有信"，等等。

三是规范阶段：秦汉时期。这个时期，儒家思想得到发扬光大，董仲舒提出的"罢黜百家，独尊儒术"更是把儒家思想推向极致。在这种思想的影响下，诚信成了统治者维护统治和规范社会秩序的重要手段，建立了"君为臣纲，父为子纲，夫为妻纲"和"仁、义、礼、智、信"的"三纲五常"思想，诚信首先表达为人民要服从封建阶级的统治，维护社会的秩序。

四是理学化阶段：宋明时期。这个时期，理学思想不断发展，把"诚"作为天道人性，诚信表现出强烈的理学化倾向。尤其是宋明理学的"诚"论，把"诚"作为维护"天理"的精神原点，具有唯心主义的特征。

五是实用化阶段：明清时期。随着经济不断发展，诚信观念受到商业文化的影响，表现出了实用化的思想。经世致用的思想广泛传播，商界普遍重视诚信思想，主张义利兼顾。

六是契约化阶段：现代以来。进入现代，契约思想不断影响社会群体，诚信与契约观念、法律制度、社会经济体制逐渐结合，表现出法律层面的责任和义务，具有法律层面的强制执行力和约束力。

小爱：进入现代社会，"诚信"在人们的社会活动中的重要性越来越突出，这对当代大学生提出了什么样的要求呢？

安老师：诚实守信是当代大学生思想道德素养的最基础的组成部分，作为当代大学生要做到诚信立身、真心待人、诚实无欺、尊重他人、讲求信义、遵守诺言。

具体来说要做到以下几点：

第一，要以一颗真心去待人接物，在处理人际关系时不隐瞒、不欺骗，在学习上不抄袭、不作弊。真诚地和他人交往，以诚为本，遇到问题，不欺瞒他人，敢于向他人坦露真实的一面，秉承实事求是的原则解决问题。要相信他人，在信任的基础上产生信赖感，以信赖的眼光交流、交往。学习上，踏实学习，具有较强的上进心，将诚信作为约束自身课堂行为的准则和规范，为未来走向社会打下坚实基础。高质量地完成课程作业，不抄袭。认真参与考试，不作弊。

第二，知礼仪，懂礼貌，重礼节，要有高度的责任感和使命感，自觉服务人民、奉献社会。爱默生说过："责任具有至高无上的价值，它是一种伟大的品格，在所有价值中它处于最高的位置"。作为当代大学生要有高度的责任感和社会使命感，在服务人民、奉献社会中增长才干，锻炼提升自己。人的一生是权利和义务相伴随的，我们不可能只享受权利，而不去履行公民义务。《孟子》有云："天将降大任于斯人也，必先苦其心志，劳其筋骨，饿其体肤，空乏其身，行拂乱其所为，所以动心忍性，曾益其所不能"。因此，在服务和奉献中磨砺自己，也最终能够成就自身。

第三，要讲求信用，对于交往对象要言而有信、说到做到、不轻易承诺，但有诺必须践行。履行承诺是赢得别人对自己尊重的前提和基础。曾子也说过："吾日三省吾身：为人谋而不忠乎？与朋友交而不信乎？传不习乎？"可见，在交往中信用对维系人心和朋友之间情感的重要性。

小志：古代人这么重视"诚信"，那您能告诉我对于当代大学生而言，

"诚信"有什么时代意义呢？

安老师：重视和发扬"诚信"，对于当今时代而言意义重大。

第一，继承和发扬优秀传统文化的要求。中华文明绵延数千年，有其独特的价值体系。中华优秀传统文化已经成为中华民族的基因，植根在中国人内心，潜移默化他影响着中国人的思考方式和行为方式。提高国家文化软实力，要努力展示中华文化独特魅力。在五千多年文明发展进程中，中华民族创造了博大精深的灿烂文化，要使中华民族最基本的文化基因与当代文化相适应，与现代社会相协调，以人们喜闻乐见、具有广泛参与性的方式推广开来，把跨越时空、超越国度、富有永恒魅力、具有当代价值的文化精神弘扬开来，把继承优秀传统文化又弘扬时代精神，立足本国又面向世界的当代中国文化创新成果传播出去。习近平同志在纪念孔子诞辰2565周年国际学术研讨会暨国际儒学联合会第五届会员大会上的讲话指出，"中国优秀传统文化的丰富哲学思想、人文精神、教化思想、道德理念等，可以为人们认识和改造世界提供有益启迪，可以为治国理政提供有益启示，也可以为道德建设提供有益启发。"中国的诚信观，提倡自律意识，强调义务，具有人文情怀，与中国古代的"独善其身""舍生取义"的思想一脉相承。继承和发扬诚信观念，也是继承和发扬优秀的中华传统文化。

第二，社会主义核心价值观的必然要求。党的十八大提出，倡导富强、民主、文明、和谐，倡导自由、平等、公正、法治，倡导爱国、敬业、诚信、友善，积极培育和践行社会主义核心价值观。作为中国优秀传统文化的诚信道德，在社会主义条件下获得了新的时代性内涵。它强调内心的真实无妄和内在的道德自律，注重个人道德境界的提升和自主精神的发展，体现了社会主义条件下人的自由全面发展和独立人格追求，是社会主义制度优越性在人的内在精神发展方面的体现；它强调人与人之间相互信任、真诚相待、平等友善，注重形成和谐相处的人际交往伦理，体现了社会主义条件下人们之间同志式关系，是社会主义制度优越性在人际关系方面的重要体现。基于此，践行诚信观念，也是践行社会主义核心价值观的必然要求。

第三，提升自身素养和核心竞争力的要求。联合国教科文组织把"学会做人、学会做事、学会合作、学会求知"作为21世纪教育的四大支柱。如今，诚信已成为当代大学生做人做事的最基本的准则，只有诚信为人处事，才能走上人生发展的持续之路。在历史和现实生活中，人们总是把诚信作为一把尺子，衡量一个人的思想和行为，评价一个人的品质，把诚信看作人的基本素养和核心竞争力。大学生唯有诚实守信，言行一致，表里如一，才能符合社会发展的潮流，才能为实现人生价值和理想奠定坚实的基础。

小爱：听你这么说，"诚信"具有很强的时代意义，作为当代大学生，我们又该如何开展诚信美德的实践活动呢？

安老师：当代大学生是祖国未来的希望，代表着先进文化的前进方向，在民族复兴的伟大征程中发挥着十分重要的作用，因此更应该知诚讲信，传承美德。我认为可以从以下几个方面入手：

第一，要有坚定的诚信信念。习近平同志在2018年新年贺词中说过："幸福都是奋斗出来的！"作为当代大学生要有坚定的诚信信念，认识到大学的学习是一个复杂的、艰辛的过程，踏踏实实学习，勤勤恳恳做事，不抄袭、不作弊，以优异的成绩回馈父母，回馈社会。不要相信在学习的道路上有什么"终南捷径"，也不要相信天上会掉下什么馅饼，坚信成功是属于奋斗者的。"勿以善小而不为，勿以恶小而为之"，不欺瞒，不诓骗，做一个坚定的诚信代言者。

第二，要坚守信用意识。在大学生活中，国家助学贷款帮助很多贫困学子圆了大学之梦。国家在助学贷款中起着重要作用，帮助许多贫困学生减轻了家庭的经济负担。有极少数大学生毕业之后便"失踪"，拒绝偿还助学贷款，丢失了诚信。讲求信用，践行信用意识，是当代大学生必备的道德修养，也是高素质人才应具备的优良品质，作为大学生要坚守信用意识，学会感恩回馈。

第三，要坚持诚实不欺。人际交往能力是大学生综合素质的重要体现之一。大学生人际交往的重要品质是坚持诚实不欺瞒。只有秉承诚信观念，同学之间坦诚相待，才能结下深厚友谊。在网络发达的时代，文明上网，不传谣、不信谣、不造谣，做一个网络时代的文明大学生，也是诚实不欺的重要体现。

第二节 校园生活，诚信为伴

【案例33】某广告公司招聘文秘的通知一发布，诸多应届大学毕业生蜂拥而至，负责招聘的人事主管从众多候选者中选了两位女同学：小周和小李。

主管把小周和小李的登记表从头到尾仔仔细细看了一遍，他遇到了两难的状况：小周和小李年龄相同、专业相同、外表同样出众。但是公司只能招一个，这着实让主管难以抉择。主管沉吟了一下，说："请两位回去等电话。"小周和小李走后，主管立即向总经理汇报，总经理问了情况，看了两人的应聘材料，果断地说："录用小周。"主管很惊讶总经理这么快就做出了取舍。"我去打电话通知小周，但是我想学些您的高招，您是凭什么做出选择的呢？"主管微笑着问总经理。"两个人我都没有见过面，我是根据她们填写的内容来判断的，看这一栏。"总经理指着中间的一栏，"本公司如因工作需要加班，职工是否可以主动放弃休息日而自动加班"的栏目中，小李填的是"可以"，小周填的是"家中有老母重病在床，每月需回家看望一次。如老母不幸辞世，需请三天丧假。"从小李填写的表格来看，她没有毛病。但是，没有毛病这本身就是毛病。总经理继续说："小周在填写此项内容时，把她不能加班的原因清清楚楚地告诉了我们，至诚、至孝，初次接触能如此坦诚，我为其诚所感动。"主管恍然大悟，即刻拨通了小周的电话，通知她明天来上班。

从小周的亲身经历，我们能深刻地感觉到，如果不是她的诚恳，如果不是单位的领导被她所感动，那她可能就要失去进入这家公司工作的机会了。在招聘中的一些不诚信现象，虽在眼前来看是对自己有利的，是对自己缺点的掩饰。但是，一时的掩饰是经不起时间考验的，不如当初就以诚相待，或许会给自己赢得更多的机会。

图5-2　校园诚信宣传

安老师："完美"的简历不一定完美，诚信的简历更获青睐。即将踏入社会的大学生，求职是他们迈进职场的第一步，在这方面表现出不诚信，则是得不偿失。

小爱：作为当代大学生，身处校园里的我们一样要诚实守信，您能说说身处校园的我们会涉及哪些诚信行为呢？

安老师：诚信是中华民族的传统美德，是和谐社会健康发展的基石，是我们所需要和坚守的宝贵品质。校园环境也是社会环境的一个重要组成部分。大学校园也是社会主义道德建设和核心价值体系建设的重要领地。

大学生是当代先进文化的生产者、实践者、传播者，是先进文化的生力军，是履诚重信的关键群体，更应当重视和加强自身的校园诚信行为。身处校园，大学生主要涉及的诚信行为包括政治诚信、学习诚信、经济诚信、交往诚信、就业诚信、网络诚信、资助诚信等。

小志：如果不是您介绍，我还不知道在校园里我们要遵守这么多的诚信行为呢。您能具体说说每一种诚信行为的含义吗？

安老师：下面我逐项介绍几种诚信行为：

1. 政治诚信。

政治诚信是行为主体各种政治行为活动的总称。古希腊哲人亚里士多德曾言："人是天生的政治动物"，意思是说，人是天生离不开政治生活的。马克思曾说过："人是最名副其实的政治动物，不仅是一种合群的动物，而且是只有在社会中才能独立的动物。"可见，一个人与政治生活关联度是多么密切。大学生作为社会人，拥有同样的政治权力，同时也应该履行相应的政治义务。维护政治诚信，任何人不得以任何理由、任何借口违背政治诚信，不得胡思乱想，不得危害国家政治安全。国家政治即便存在漏洞，在没有科学完善之前，全体人民都要维护国家政治安全，严格遵守政治诚信，遵守国民共识，遵守政治承诺，遵守法律法规，依照人民意志，保证国家政治顺利延续，保证国家政治安全，保证人民幸福安康，保证国民福祉。

在校园里，要志存高远，树立远大的理想，拥护党的领导，遵守国家的法律法规，自觉维护祖国统一和民族团结，将个人发展融入祖国发展的大熔炉，将个人梦融入中国梦之中，为实现中华民族伟大复兴而努力奋斗。因此，政治诚信是大学生成长成才的基础和核心，是实现人生抱负的灯塔。

2. 学习诚信。

学习诚信就是学生的学习态度和行为总称，是指学生在学习过程中能否做到真实不虚假，知行一致。学习诚信要求大学生严于律己，呼吁大学生发扬诚信学习的优良品德，积极参与课程学习，按时认真完成作业，真实考出自我水平，扎实做好学术研究，用自己的实际行动营造良好的校园学习和科研风气。大学生要具备学习诚信的态度，就要求我们要保持谦虚、谨慎的态度，不弄虚作假。

积极参与专业课程的学习，履行大学生的本职，努力求知，获取知识。现实中，有一部分学生不认真参与课程学习，迷恋网络游戏，或者在课堂上玩手机，从事与学习无关的工作，严重违反大学生课堂的诚信规则。因此，大学生要将诚信作为约束自身课堂行为的准则和规范，为未来走向社会打下坚实基础。

高质量地完成课程作业，不拖欠、不抄袭作业。作为学生，要以诚信作业为基础，不断规范作业行为，提升自身专业能力。

真实考出自我水平，通过考试检验自身的学习成果，不抄袭，不违反考试准则。最重要的是要从自身出发，将个人的诚信意识运用于考试之中，诚信考试，诚信做人。

实事求是做好学术研究，扎实地开展科研工作。近年来，学术造假事件经常出现，被新闻媒体报道。抄袭、虚假申报课题、虚假使用科研经费等，都是学术不诚信的表现。作为大学生应当诚实守信，做到不剽窃、不抄袭，坚持实事求是的学术作风。

3. 经济诚信。

随着经济和信息化的发展，大学生群体的经济活动更加活跃。学生群体在购物、交友、娱乐等方面的花费逐渐增多。花销不适度，会造成沉重的家庭负担，甚至产生违反法律的行为。在当前网络购物发达的时代，大学生群体容易迷失自我，沉醉在网购的疯狂活动中，超前消费，透支消费，影响大学生人生观和价值观的树立。这就要求大学生群体要树立诚信意识，培养良好的消费习惯，做到合理消费、理性消费，不在网络上发生不良消费行为。

4. 交往诚信。

大学生交往诚信是指大学生在日常生活中坚持诚实守信的原则，不欺骗，不弄虚作假，实事求是。交往诚信是大学生诚信教育的最重要内容。大学也是一个小社会，其中错综复杂的人际关系要求大学生要做到交往诚信，不只同学之间如此，同学和老师之间也一样，交往诚信提倡大学生以诚实守信的人格素养作为人际交往的基础和前提，构建和谐人际关系。

5. 就业诚信。

就业诚信是指从求职应聘、签订就业协议到履行工作义务等角度出发，号召大学生遵守诚实守信的道德规范，做到不虚构简历、不随意毁约，抱着对企业负责，更是对自己负责的态度，将诚信理念作为择业、就业生活中最基本的道德规范。

6. 网络诚信。

随着互联网的发展，网络与生活的关系越来越密切，越来越展示着网络世界的万千精彩。同时伴随网络出现的不诚信行为，刺痛了高速发展的互联网神经。这就要求当代大学生文明使用网络，使用网络交流要真诚、实事求是，自觉传播网络正能量，抵制网络谣言，不传谣，不信谣。

7. 资助诚信。

伴随着国家和社会助学力度的增大。校园资助对于大学生的诱惑也在不断增大。有些大学生为了获得国家或者社会的资助项目，隐瞒真实家庭经济状况，从而造成同学们和老师的误判，对于资助工作也是不诚信的表现。一些大学生以家庭贫困为由，申请助学贷款，但把助学贷款用在购买奢侈品、非生活必需品等不切实际的高档消费品上，并且家长和学校往往被蒙在鼓里，毫不知情。

小爱：听您这么说，我对校园诚信生活有了更加深入的认识。最近，"校园贷"成了校园诚信生活的热门话题，您能向我们介绍一下吗？

安老师：校园贷是指在校学生向各类借贷平台借钱的行为。大致可以分为五类：①电商背景的电商平台；②消费金融公司，部分还提供较低额度的现金提现；③P2P贷款平台（网贷平台），用于大学生助学和创业；④线下私贷，俗称高利贷，高利贷通常会进行虚假宣传、线下签约、做非法中介、收取超高费率等，同时存在暴力催收等问题，受害者通常会遭受巨大财产损失甚至威胁自身安全；⑤银行机构，银行面向大学生提供的校园产品。

校园贷有合法借贷和不合法借贷之分。我们可以通过查询组织机构代码证、营业执照、ICP证及ICP备案是否真实、利率是否超高、平台资金流向是否清晰披露等方式查证贷款平台的资质，对那些费率不明、贷款门槛低、审核不严、有不文明的催收手段的贷款应加以识别防范。

合法的校园贷款业务，如很多商业银行加大高校助学、培训、消费、创业等金融产品的研发和推广，为大学生提供了规范、合法的金融服务业务。

不合法的校园贷款具有高利贷性质。不法分子将目标对准高校，利用高校学生社会认知能力较差、防范心理弱的劣势，进行短期、小额的贷款活动，从表面上看这种借贷是"薄利多销"，实际上不法分子获得的是高额的利率，肆意赚取学生的钱。校园贷款会滋生借款学生的恶习。高校学生的经济来源主要是父母提供的生活费，若学生有攀比心理，且平时就有恶习，那么父母提供的费用肯定不足以满足其需求。因此，这部分学生可能会转向校园高利贷获取资金，并引发赌博、酗酒等恶习，严重的可能因无法还款而逃学、辍学。若不能及时归还借款，放贷人会采用各种手段向学生讨债。一些放贷人放贷时会要求借款人提供一定价值的物品进行抵押，而且要收取学生的学生证、身份证复印件，对学生个人信息十分了解。因此，一旦学生不能按时还贷，放贷人可能会采取恐吓、殴打、威胁学生甚至威胁其父母的手段进行暴力讨债，对学生的人身安全和高校的校园秩序造成重大危害。还有不法分子利用"高利贷"进行其他犯罪。放贷人可能利用校园"高利贷"诈骗学生的抵押物、保证金，或利用学生的个人信息进行电话诈骗、骗领信用卡等。请大家要谨慎办理"网贷""小额贷",切勿因他人劝说或被所谓的"好处费"等蒙蔽,以自己的名义办理贷款给他人使用或为他人提供担保。如需办理"网贷""小额贷"的,务必咨询家长和银行,谨防被骗。

小志:听您介绍了这么多,我对"校园贷"有了深入的了解。最近学生群体里又出现了"回租贷"现象,这种借贷对我们大学生有什么危害吗?

安老师:近年来,随着金融监管、教育等多部门重拳出击,明确"取缔校园贷款业务,任何网络贷款机构都不允许向在校大学生发放贷款",不良"校园贷"问题得到有效遏制。但为逃避制度监管,部分网络借贷平台"换马甲",将"现金贷"业务变身为"回租贷",名为租赁,实为借贷,并仍将对象瞄准在校大学生,严重损害学生权益,造成校园安全隐患。

所谓"回租贷"主要运作模式是:

第一步,学生将手机"抵押"给平台,通过电子合同的签订,暂时把手机的所有权和处分权移交给平台,手机不用邮寄给平台;第二步,平台"评估"手机价款,此期间平台要求学生填写身份证信息、银行卡信息、紧急联系人等借贷数据,但手机所有权和使用权实际未发生转移;第三步,平台放款,学生实际获得借款中会扣除一部分所谓的"服务费"或"评估费";第四步,手机"回租",因实际未转让手机所有权,平台以手机"回租"方式,与学生约定租用期限(即借款期限)和到期回购价格(即还款金额)。在此期间平台要求学生提供手机账户信息,以便于远程掌握手机储存信息。

平台通过类似此种模式变相向大学生发放高利息"现金贷",最终可能会使学生陷入"套路贷""高利贷"陷阱,已有学生因此上当受骗。因此,为避免出现类似情况,广大同学务必提高警惕、理性消费、知法用法。此外,还要提醒同学们,求职贷、培训贷、创业贷等贷款与回租贷情况类似,大家切莫贪图小便宜,危害自己,陷入不良贷款之中。

说到这里,我还要提醒同学们切莫贪图小便宜陷入非法集资和传销的骗局之中。非法集资是什么呢?具体来说,非法集资是未经有关部门依法批准,向社会不特定的对象筹集资金,承诺在一定期限内给出资人还本付息。这里"不特定的对象"是指社会公众,而不是指特定少数人。

"非法集资"归纳起来主要有以下几种:

①通过发行有价证券、会员卡或债务凭证等形式吸收资金。比较常见的

是：以发行或变相发行股票、债券、彩票、投资基金等权利凭证或者以期货交易、典当为名进行非法集资，通过认领股份、入股分红、委托投资、委托理财进行非法集资，通过会员卡、会员证、席位证、优惠卡、消费卡等方式进行非法集资。②对物业、地产等资产进行等份分割，通过出售其份额的处置权进行高息集资。常见的是：通过出售其份额并承诺售后返租、售后回购、定期返利等方式进行非法集资。③利用民间会社形式进行非法集资。常见的是：利用地下钱庄进行集资活动。④以签订商品经销等经济合同的形式进行非法集资。常见的是：以商品销售与返租、回购与转让、发展会员、商家加盟、"快速积分法"等方式进行非法集资。⑤以发行或变相发行彩票的形式集资；⑥利用传销或秘密串联的形式非法集资；⑦利用果园或庄园开发的形式进行非法集资。例如，借种植、养殖、项目开发、庄园开发、生态环保投资等名义非法集资。⑧利用现代电子网络技术构造的"虚拟"产品，如"电子商铺""电子百货"投资委托经营、到期回购等方式进行非法集资。⑨利用互联网设立投资基金的形式进行非法集资；⑩利用"电子黄金投资"形式进行非法集资。

传销的概念在前面我们已经介绍过了，在此不再赘述。

传销的本质在于通过发展下线实现财务的非法转移与聚集，并未创造社会价值，这是它与正常营销的本质区别。传销不是国家行为，也不可能是国家行为。其本身组织行为对大多数参与者造成了无法挽回的危害，违反了人们的正常生活和活动。

作为当代大学生又如何防范传销呢？首先要坚信天上不会掉馅饼，当把事业或者回报描述得天花乱坠的时候就应该警惕，高回报必然有高风险。其次，无论传销的形式如何变化发展，其实质仍是以购买份额作为缴纳入门费，发展下线人员、拉人头组成层级，以下线人员"业绩"作为获利依据。因此，识别传销，需要看三个特征：①入门费。是否需要认购商品或交纳费用取得加入资格或发展他人加入的资格，牟取非法利益；②拉人头。是否需要发展他人成为自己的下线，并对发展的人员以其直接或间接滚动发展的人员数量为依据给付报酬，牟取非法利益；③计酬方式。是否以直接或间接发展人员的销售业绩为依据计算报酬，牟取非法利益。如果符合以上特征，就有可能涉嫌传销，我们要谨慎，遇到类似情况第一时间和老师或家长联系，必要时报警寻求帮助。

小爱：看来不良借贷可是害人不浅，那我们该如何远离这些不良借贷的骗局呢？

安老师：主要有以下几种方法：

第一，高度警惕。要多了解、熟悉金融知识，理性分析贷款实际利率，不要心存侥幸，盲目信任他人。在金融服务消费等活动中要认真阅读相关合同条款，不要贪图"小便宜"，提高自己对不良"校园贷"业务及其变种形式的甄别和抵制能力，同时提醒身旁的同学和校友，天下没有免费的午餐，不要上了网络骗子的当。

第二，理性消费。学生的主要任务是学习和成长，要养成自立自强、艰苦朴素、文明健康的生活习惯，不盲目攀比，不贪图享乐，合理安排生活支出，做到量入为出、勤俭节约、理性消费、科学消费。

第三，知法用法。要加强法律法规知识学习，时刻绷紧自我保护这根弦，保护好个人信息和隐私，注意留存相关凭据。当合法权益遭受损害时，第一时间与同学、老师和家长商量，要学会用法律武器保护自己。

小志：如果我家庭经济确实困难，申请了助学贷款，毕业时还不了贷款，会影响我的个人诚信吗？

安老师：助学贷款一般分成四类，分别是国家生源地助学贷款、国家助学贷款、部分高校利用国家财政对学生办理的无息借款和一般性商业助学贷款。这里仅介绍比较常见的国家助学贷款。

国家助学贷款是由政府主导、财政贴息、财政和高校共同给予银行一定风险补偿金，银行、教育行政部门与高校共同操作的，帮助高校家庭经济困难学生支付在校学习期间所需的学费、住宿费及生活费的银行贷款。国家助学贷款是信用贷款，学生不需要办理贷款担保或抵押，但需要承诺按期还款，并承担相关法律责任。学生接到录取通知书后，可向学校咨询具体办理国家助学贷款的相关事宜。学生到校报到后，可通过学校向金融机构申请办理国家助学贷款。具体申办流程为：

第一步：注册学生在线服务系统。登录国家开发银行助学贷款信息网，注册学生在线服务系统（生源地）。

第二步：填写申请表。在线填写申请表，填写后导出并打印，借款学生本人签字。

　　第三步：加盖公章。申请表上需要资格审查单位加盖公章，资格审查单位一般是村（居）委会、乡镇（街道）民政部门或原毕业高中任一单位，具体盖章单位，请咨询你户籍所在县级的资助中心。（不属于高中预申请无须加盖公章。）所需材料：借款学生本人签字并需加盖公章的《申请表》，借款学生及共同借款人双方的身份证原件及复印件，录取通知书或学生证复印件，户口簿原件。（如果学生及共同借款人不在同一本户口簿上，需出示双方户口簿原件。）

　　第四步：签订合同。借款学生及共同借款人一同携带所需材料，到户籍所在县级资助中心签订合同并领取回执单。

　　第五步：提交回执单。借款学生尽快将回执单交给高校老师，由老师录入系统。

　　由于申请人数较多，学校在面对大量的申请国家助学贷款的学生时，无法准确判断谁是真正需要，谁是真有困难，这就会造成一些不良的后果。如：已经毕业的大学生不及时还清助学贷款，学校在没有更好地解决措施的情况下，扣压了这一部分大学生的毕业证，造成了学生无法找工作，同时学校也收不回应得的学费的情况，形成恶性循环，助学贷款拖欠问题不能解决；再如，有些贫困大学生得到了社会上好心人士或慈善机构的资助，但他们并不珍惜这得来不易的金钱，把它们都花在一些不必要的花销上，这也是一种变相的经济不诚信的表现。

　　贷款学生在校期间所贷金额利息全部由财政补贴。其中，考入中央部属高校的学生，其贷款贴息由中央财政承担；考入地方高校的学生，跨省就读的，其贷款贴息由中央财政承担；在本省就读的，其贷款贴息由地方财政承担。贷款学生毕业后利息全部由学生及家长（或其他法定监护人）负担。贷款学生如未按照与经办银行签订的还款协议约定的期限、数额偿还贷款，经办银行将对其违约还款金额计收罚息。经办银行会将已毕业学生的个人基本信息和还款情况录入中国人民银行的个人信用信息基础数据库，以供全国各金融机构依法查询。如贷款学生违约情况严重，将影响其向金融机构申请办理其他个人消费信贷，违约人须承担相关法律责任。

第三节 牵手征信，扬帆远航

【案例34】"真是亏大了，仅仅是两年前一次信用卡1.5元的欠款记录，却让我现在办理房贷多支付4万多元的利息。"

小张最近遇到了一件颇为郁闷的事情，因为上大学期间使用信用卡无意造成了一次欠款记录，虽然在得知后将欠款还上，但这一行为让他在两年后遭遇了"万倍"损失。"我最近要买房，到银行办理贷款时被告知个人征信系统上有不良信用记录，贷款利率不能按照七折优惠，只能按照八折优惠，拿不到最低折扣，我因此要多支付银行超过4万元。"

据了解，小张在青岛某大学读研究生期间办理了一张某银行信用卡。作为学生，他平常消费不多，一次用卡消费30元，因为疏忽他晚于还款日一天才将30元欠款还上。但是他并不知道，晚了一天信用卡账户已经出现了1.5元的滞纳金。事情过去了5个多月，他才收到一份发卡行寄来的催缴滞纳金账单，他急忙到银行交上所欠的滞纳金，并注销了信用卡。研究生毕业后，小张去了济南工作。为结婚需要，他在济南东部城区看好一处新楼盘，并交了订金想购买一套86平方米的住房。根据签订的订购协议，需要在一周内办理购房合同。签订了订购协议后，他就开始到各家银行咨询房贷事宜。结果他到银行具体商谈贷款的时候，银行工作人员通过查询联网的中国人民银行征信系统发现，他两年前有一个不良信用记录，遂告诉他暂时不能给其办理房贷。如果想要办理房贷的话，需要小张拿到那张信用卡的发卡行提供的非恶意欠款证明和全部还款记录明细。即便有证明和明细，办理贷款时将不能享受贷款利率最低折扣七折优惠，只能以八折优惠来办理，前后对比，小张需要多支付超过4万元的利息。小张提醒市民，要重视对个人信用造成不良影响的行为。通过全国联网，留有不良记录的失信者名单不仅会出现在本省份的银行系统内，还将和其他省份的金融机构资源共享。

图 5-3　诚信宣誓

安老师：当前社会非常重视信用建设，每个人都要重视自己的信用记录，切莫因小失大。

小爱：诚实守信是中华传统美德之一，我愿意做诚实守信的公民，但如果不诚实守信，又会怎样呢？

安老师：最近网上流行一个词语叫"最美老赖"，我先向同学们介绍一下。据媒体报道，一位高颜值"老赖"火了。一份印有大幅美女彩照的法院悬赏公告张贴在安徽省淮北市多处公交站台，照片上容貌俏丽的失信被执行人朱丽丽很快成了"网红"。这是由安徽省淮北市相山区人民法院发布的"执行举报奖励公告"，公开悬赏800元寻找朱丽丽下落。马杨玉杰、朱丽丽等4人因拖欠赵某本金60万元、利息28万余元，被赵某诉至相山法院，败诉后拒不履行法院生效判决，隐匿行踪、财产，逃避执行。经该院执行局调查，朱丽丽等人属于有能力而不履行判决，故将其列入失信被执行人名单。《最高人民法院关于限制被执行人高消费的若干规定》中明确表示，被执行人为自然的，被采取限制消费措施后，不得有以下高消费及非生活和工作必需的消费行为：①乘坐交通工具时，选择飞机、列车软卧、轮船二等以上舱位；②在星级以上宾馆、酒店、夜总会、高尔夫球场等场所进行高消费；③购买不动产或者新建、扩建、高档装修房屋；④租赁高档写字楼、宾馆、公寓等场所办公；⑤购买非经营必需车辆；⑥旅游、度假；⑦子女就读高收费私立学校；

⑧支付高额保费购买保险理财产品；⑨乘坐 G 字头动车组列车全部座位、其他动车组列车一等以上座位等其他非生活和工作必需的消费行为。

一个人不诚实守信必将遭到失信的惩罚，比如失信的信息可能会被列入银行的征信系统，征信报告有不良记录后，会影响后续申请银行业务，如果逾期行为严重，有可能被放贷机构起诉，法院判决后拒不还款，就会被纳入失信被执行人名单，那时生活将会处处受限。因此，做履约践诺的大学生也是社会正常生活的必要条件和基础。

小志：看来失信的后果是相当严重的。说到"征信"这个词语，我有点陌生，您能说说到底什么是"征信"吗？

安老师：征信是指依法收集、整理、保存、加工自然人、法人及其他组织的信用信息，并对外提供信用报告、信用评估、信用信息咨询等服务，帮助客户判断、控制信用风险，进行信用管理的活动。在征信的过程中形成系统的征信体系，即采集、加工、分析和对外提供信用信息服务的系列安排，是社会信用体系建设的一部分，包括制度、信息采集、机构和市场、征信产品和服务、监管等方面。

征信的主要机构是依法设立的、独立于信用交易双方的第三方机构，专门从事收集、整理、加工和分析企业或个人信用信息资料工作，包括信用历史、履约情况等，并出具信用报告，提供其他相关增值服务，帮助客户判断和控制信用风险等。

在征信过程中形成征信产品，可以分为基础产品和增值产品，基础产品是信用报告，增值产品是基于信用报告的信息，经过加工，或进行纵向、横向等各种分析而生产的产品。增值产品经历了一系列的加工过程，包含了大量的智力资本在其中，如个人信用评分、企业信用评级等。

小爱："诚信""信用""征信"我有点分不太清楚，您能说说它们的区别吗？

安老师：诚信是诚实守信，是人们诚实守信的品质与人格特征，说的是一个人恪守信用的主观意愿。它属于道德范畴，是一种社会公德，一种为人处事的基本准则。信用是指人们之间客观的交往关系，是从商品交换和流通的发展中产生的，主要是指借钱还钱、先消费后付款等经济活动。信用是以偿还为条件的价值运动的特殊形式，一般产生于货币借贷和商品交易的赊销或预付之中，强调经济主体之间的债权债务关系，反映经济主体的支付愿望和支付能力。征信是指依法收集、整理、保存、加工自然人、法人及其他组织的信用信息，并对外提供信用报告、信用评估、信用信息咨询等服务，帮助客户判断、控制信用风险，进行信用管理的活动，是专业化的信用信息服务。为了让个人更方便地贷款或者消费，通过个人征信平台将个人用户的信用信息采集处理，在需要的时候提供给信贷等相关企业使用。征信本身既不是诚信，也不是信用，而是客观记录人们过去的信用信息并帮助预测未来是否履约的一种服务。这里要特别说明的是，征信所记录的是个人的"信用"信息，即个人是否履行了合同约定的义务，而不是"诚信"信息。三者之间，既有区别，又相互联系，统一于中国特色的社会主义信用体系建设之中。

小志：听您这么说，"征信"和我们的生活也是息息相关的，您可以具体介绍一下"征信"在我们生活中的应用范围吗？

安老师：征信场景应用逐渐丰富，新兴领域成为重点。金融信贷一直是个人征信的主要应用场景，尤其在传统的金融机构的应用更为广泛。随着互联网技术的不断普及，互联网金融、共享经济等新兴产业应运而生，个人征信产品开始应用在网络信贷、租赁等金融及生产类的场景中，P2P网贷平台、消费金融机构、共享经济等已经成为个人征信产品的主要客户。

个人征信的应用场景与数据来源是相辅相成的，当前金融（信贷、消费）领域是征信应用最主要、最广泛的场景。未来，个人征信将验收衍生出更多的场景。随着应用场景的不断增多，个人征信体系将更加完善，可用于征信的数据也将越来越多。而随着个人征信体系的不断完善，也可以将征信拓展到更为广泛的场景上。

未来我国个人征信发展趋势如下：①个人信息保护将成为个人征信体系建设的重点。百行征信收集的信息将以个人负债信息为主，要求合法、合规的采集个人信息，依法有限使用个人征信信息。②互联网金融领域征信有望被填补。随着互联网金融行业的快速发展，行业内沉淀了大量的互联网信贷数据。但是市场上的个人网络信贷信息割裂，没有统一的信息共享平台，获取个人信息的成本较高、有效性差。百行征信由央行指导、中国互联网金融协会牵头筹建，互联网金融协会具有半官方性质，在整合互联网信贷数据、建立统一的信用共享平台方面具有优势。③区块链技术将更多地被探索和应用在个人征信领域中。大数据征信虽然弥补了传统征信覆盖面不足的缺陷，但是信用信息的相互孤立问题、信息隐私保护和安全问题仍然存在。区块链是分布式数据存储、点对点传输、非对称加密等计算机技术的新型应用形式。随着区块链技术的不断发展，未来区块链技术在个人征信中的作用将进一步被探索，如建立安全的数据收集和共享个人信息平台等。

小爱：刚才听您说到"个人信用报告"，它对我们的生活有什么影响吗？

安老师："个人信用报告"是指征信机构以合法的方式从不同渠道收集信用信息，进行整理和加工后提供给经过授权的使用人的书面报告。信用报告包含了反映某个企业或个人信用历史、信用能力和信用价值等信用状况的各类信息，包括信息主体的基本定位信息、信用交易信息、公共记录、信用查询记录和争议记录等。个人信用报告由信用报告名称和信用报告内容组成。信用报告内容包括信用报告头、信用报告主体、信用报告说明三个部分。它记载的信息有以下几类：一是个人基本信息，包括姓名、证件类型及号码、通信地址、联系方式、婚姻状况、居住信息、职业信息等；二是信用交易信息，包括信用卡信息、贷款信息、其他信用信息；三是其他信息，包括查询记录等。需要指出的是，个人信用报告只是个人信贷交易信息的记录单，是对客观事实的记录。

个人信用报告除了在找银行申办房贷、办信用卡等有借款性质的业务中起作用以外，还在多个领域有重要作用。信用记录几乎涉及个人每一项重大经济活动，如果没有良好的个人信用记录，很多事可能都办不成。找工作时，一些单位招聘时，已经把政审材料改为个人信用报告，尤其是银行、保险、证券等行业，大多数在招聘时都要求提供个人信用报告。部分企业在招聘财务人员时，也要求应聘者提供个人信用报告。在国内许多地区，个人信用报告已成为求职材料中不可缺少的内容。以湖北为例，湖北省政府出台《湖北省个人信用信息采集与应用管理办法（试行）》以后，不仅部分人找工作要提供个人信用报告，连评先进也要查个人信用报告。知情人士称，金融期货交易所已要求期货公司在对股指期货自然人投资者进行适当性综合评估时，明确"投资者可以提供近两个月的个人信用报告或者其他信用证明文件作为诚信记录的证明"。人民银行征信中心为股指期货开户申请人提供了社会版个人信用报告的查询。有期货公司人士称，在办理股指期货开户申请时，会对申请人进行综合评分，若个人信用报告有污点，就会扣分。

小志：原来是这样！那我们该怎么获取和使用信用报告呢？

安老师：人民银行征信中心可以向个人提供本人信用报告查询服务。使用人可以到所在地的中国人民银行各地分支行、征信分中心查询。

申请查询本人的信用报告时应提供以下材料：本人有效身份证件的原件及复印件，并留有效身份证件复印件备查。个人有效身份证件包括：身份证、军官证、士兵证、护照、港澳居民来往内地通行证、台湾同胞来往内地通行证、外国人居留证等。如实填写《个人信用报告本人查询申请表》。

代理他人提交查询申请时应提供以下材料：委托人和代理人有效身份证件原件及复印件，并留有效身份证件复印件备查；委托人授权查询委托书；代理人如实填写《个人信用报告本人查询申请表》。如果发现个人信用报告记载的内容有误，可以提出异议申请。在提出异议申请时，本人需亲自到现场，并带上自己的有效身份证件的原件及复印件，复印件要留给查询机构备查，还需如实填写个人信用报告异议申请表；也可以委托他人提出异议申请，代理人应携带委托人和代理人有效身份证件原件及复印件、委托人授权查询委托书、授权委托书公证证明或委托人近一周的信用报告。若市民对处理结果仍然有异议，除了可以向人民银行征信部门反映、向法院提起诉讼，还可以向当地人民银行征信管理部门申请在个人信用报告上发表个人声明。

2013年10月28日起，继江苏、四川、重庆3省市试点之后，2015年央行个人信用报告服务试点扩至全国各省，均可在网上查询。2018年6月，人民银行征信中心开通了个人信用信息服务平台，公布了个人信用报告查询网址和公众号征信小助手，通过网络查询和获取个人信用报告。

第六章　明明白白我的心

"最近有点烦""听说谁又抑郁了""你看了最新的报道吗？又有学生想不开放弃了生命"……当大学的多彩生活拉开序幕时，不知何时，阴暗逐渐开始侵蚀我们的心灵。心理健康，越来越多地走进大学生的生活。

心理健康，是幸福生活的基石。世界卫生组织提出健康除了躯体没有疾病，还需要心理健康、社会适应和道德健康。良好的心态能够让我们更平和地对待生活中的一切，能够让我们相信，幸福是奋斗出来的。当内心的不适，情绪的低迷产生，我们也许会突然恐慌，我这是怎么了？朋友，不用慌张，也许只是身体在提醒你，放下脚步，关注一下自我，享受一下生活。

心理健康，是高效生活的润滑剂。弗洛伊德说："心理健康的人，总是努力地工作及爱人，只要能做到这两件事，其他的事就没有什么困难。"我们越来越沉醉于更强的体魄、更好的物质生活、更高的业绩，却往往忽略了我们更需要一颗强大的内心。健康的心态，能够让我们戒骄戒躁，荣辱不惊；健康的心态，能够让我们在疲惫之后，带着对幸福的向往，继续披荆斩棘。

心理健康，是成功人生的助推器。马斯洛说："心若改变，你的态度跟着改变；态度改变，你的习惯跟着改变；习惯改变，你的性格跟着改变；性格改变，你的人生跟着改变。"我们会抱怨生活的不公，讨厌无法坚持的自己，但我们也可以从不公中走出，从小事做起，为明天的自己承诺一个努力的当下。如果我们想要拥抱阳光，必须学会接受阳光下的影子。成功，从来不是一帆风顺的蓝图，而是百折不挠后，我们依旧相信，太阳会高高挂起。

最后，致亲爱的你：

清晨的第一缕阳光爬过窗户，洒在你的床前
一地金黄的光，带着温度的香气
你收拾自己的房间和心情
打开紧闭的窗扉，打开尘封的心灵
迎面是阵阵拂面的清风
花的清香，泥土的芬芳，还有虫鸣和鸟唱
世界是五光十色的
你的心情也一样
太阳照常升起
而你是最最幸福的人

第一节　心理健康，知无不言

【案例35】周同学是一名来自农村的学生，父母务农，家中还有一个姐姐，家庭经济条件并不富裕。在周同学6岁那年，父亲大病了一场，为了治病，家里存的积蓄全部花完了。面对姐弟的上学问题，姐姐决定辍学，过早担负了养家的重担，小周继续上学，作为家中唯一的男孩被要求好好读书，以后可以有更好的出路。小周一直很努力，从小学到高中的成绩总是很好，也总是能够让父母为之骄傲。小周说在姐姐辍学的时候就发过誓，一定不能辜负父母、姐姐对他的期望，长大了要做个优秀的人，以出人头地来报答父母和姐姐。到了大学后，小周突然有些不习惯，总觉得压力很大，做事情也没有什么精神，情绪也不稳定，他大多数的时间都用来学习，可是总达不到理想的效果。小周告诉自己不要和别人比，可是越这样想就越控制不了自己的情绪。因为害怕影响同学，他开始一个人上课、自习、吃饭，大家慢慢觉得小周有点孤僻、不合群了，其实小周只是不想把坏情绪传给他们。他担心这样下去会影响自己的学业和未来，最害怕让父母失望，他逐渐陷入一个自责的怪圈中。

安老师：青春期是人一生中心理发展变化最激烈的时期，会面临一系列心理、生理、社会的适应问题。如何调节成长中这些让我们苦恼的情绪，需要我们正确认识大学生的心理健康问题。

小志：安老师，我经常会听到有人说"这个人心理有问题"，"他心里有事"，"你室友最近情绪不好"等，然后还在很多的文章里看到"心理""心理健康""心理活动"等词语，这让我很困惑，心理学到底是什么，怎么有这么多的解释，您能给我解答一下吗？

安老师：可以的。在解答你的困惑之前，我需要给你科普几个概念。首先，你提到的这些问题都属于"心理学"这一大学科的范畴，所以我想解答心理学是一门什么样的学科。《心理学与生活》中曾提出，"心理学是关于个体的行为及精神过程的科学的研究。"我国学者根据前人的研究，认为"心理学研究是人类心理现象及其行为规律的交叉学科"。我想你一定很好奇，心理学为什么是一门交叉学科，因为它诞生于哲学和生理学。1879年心理学的开山鼻祖冯特在莱比锡大学建立了世界上第一个专门研究心理学的实验室，被认为是心理学成为一门独立学科的标志，所以心理学是一门人文社会科学学科。

其次，我国将心理学设为"教育学"学科门类下的一级学科，分为"基础心理学""发展与教育心理学""应用心理学"3个二级学科，二级学科根据研究方向不同又发展成不同专业，你问的这些问题大部分属于"应用心理学"的范畴。

最后，让我们再了解一下心理学的研究对象——心理现象。关于心理学的研究对象分类也有很多种，在此提供一种应用最广的学术分类以便于理解：心理现象分为心理过程与个性心理两大类，心理过程包含认知过程（感知觉、记忆、思维等）、情绪过程（感受、情绪、情感等）、意志过程（有意识、有目的的自我调节等）；个性心理包含个性倾向性（需要、动机、兴趣、理想、价值观等）与个性心理特征（气质、性格、能力等）。

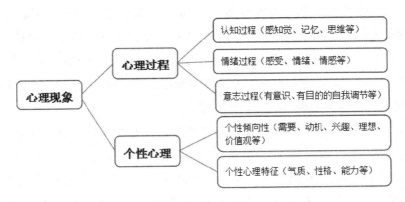

图6-1 心理现象的分类

结合以上理论知识，我们再来看看你的问题：

（1）"心理有问题""心里有事"在生活中更多侧重一种心理状态，贴近于研究对象中的"心理过程"，因为我们想知道，或者好奇某人目前知、情、意的状态。

（2）"情绪不好"则特指心理过程中的"情绪过程"，但是我们也要明白"情绪不好"和"抑郁障碍"是两回事，关于抑郁障碍，我们在后面会和大家详细解释。

（3）"心理是否健康"则是对于一个人当下心理过程的评判，"心理活动"更贴近于"心理过程"。

那什么是"个性心理"呢？就是我们日常生活中说的一个人"性格如何""三观如何"。

这样解释，小志你清楚了吗？

小志：嗯，明白了，您把专业的术语和生活化的词语对应起来，有种找到理论支撑的感觉，清晰了很多，而且我发现生活中大家关注一个人，更多的是关注他的心理状态，这个很像"心理过程"，那么我想知道，不同人的心理状态都是一样的吗？如果不一样，是不是会有不同的特点呢？

安老师：小志提的这个问题特别好，每一个人的心理状态都会因为他所处的环境、事件，以及自身的经验和性格有所不同，这个叫个体的差异性。从群体来看，不同群体的心理状态还是具备一些共性的，这叫普遍性。

大学生心理发展存在以下几个特点：

第一，自我意识的增强与不成熟。"我就是我，是颜色不一样的烟火"，张国荣的《我》唱出了大学新生心中的呐喊，即希望自己独立、独特、自主的内心需求，但同时因为刚脱离家庭的管束，还未正式迈向社会，所以在自我认知、自我体验方面会出现偏差，即表现出不成熟的一面。所以友情提醒，"仰望星空"的同时也要"脚踏实地"哦。

第二，情绪情感的体验日渐丰富与不稳定。随着大学生活的丰富，我们会体验到学习、友情、爱情、生活中的种种酸、甜、苦、辣，总体而言大学生的情绪相对稳定，但因为涉世未深，理想过高，在出现严重矛盾、刺激时，情绪的波动会较大，出现明显的两极性。有研究表明，"情绪控制"是名列前茅的困扰大学生的心理问题，因此预防情绪"过山车"也是我们需要做的功课哦。

【延伸阅读】
自我同一性

第三，爱情与性意识的发展需要。由于中国传统教育对于性教育的缺失，导致大学生进入相对宽松的校园生活后，萌发了"窈窕淑女，君子好逑""愿得一人心，白首不相离"的美好爱情憧憬，但是因为缺乏正确的爱情观引导与性教育，导致"毕业季""分手季"等现象的出现。

第四，人际交往的归属感与个性发展共存。人作为群居动物，一方面，大学生希望主动与自己所在团体保持一致，获得认同感；另一方面，由于自我意识的发展，同时希望保持自我的独特性，即所谓的"君子和而不同"。

小爱：我想起"大学生心理健康教育"课程中，老师给我们上"情绪管理"和"自我意识"章节时，经常会让我们写一些当前困扰我们的事件和问题，我们称为"烦恼球"。老师会将所有的问题隐去姓名给大家看，结果发现排在前几位的基本是情绪控制、人际困扰、学习与生活无法兼顾等，其实这些就是发展过程中的普遍性问题。

安老师，我们常说的心理健康是不是就是指大部分人的心理状态呢？

安老师：可以这样理解，心理健康指的是一种正常的心理状态，世界卫生组织（WHO）在2001年提出，心理健康不仅仅是没有精神疾病，更可视为一种良好状态（well-being）。在这种状态中，每个人都能认识到自己的潜力，可以应对正常的生活压力，有效地开展工作，并能够为社会做贡献。著名心理学者清华大学的樊富珉老师认为，心理健康是一种高效而满意的、持续的心理状态，个体在这种状态下适应良好，具有生命的活力，能充分发挥其身心的潜能。所以一个人健康与否，不仅要看他的身体健康状态，还要看他的心理健康状态，身心健康才是真正的健康状态哦。

另外，除了健康与不健康，世界卫生组织（WHO）还提出过一个"第三状态"，它是处于疾病与健康之间的一种健康低质状态。个体虽无明确的疾病，但在躯体上、心理上出现种种不适应的感觉和症状，从而呈现活力和对外界适应力降低的一种生理状态，即我们通常说的"亚健康"状态。其中一个指标就是心理的状态，有学者甚至研究出了《亚健康评定量表》，通过量表提示我们在哪些方面出了问题，提醒我们需要休息、调整。所以，在快节奏的生活下也要照顾好自己，当你察觉到自己可能处于"亚健康"状态了，不用过于担心，但也不要忽视，学会劳逸结合，适当休息，调整一下节奏，休息是为了更好地工作和学习。

【延伸阅读】
亚健康评定量表的
信度效度研究

小爱：原来如此，那么我们该如何衡量一个人是否心理健康呢?

安老师：我们可以一起来看一看心理健康的标准。世界卫生组织曾在20世纪80年代提出身心健康8大标准，也称为"五快三好"标准：快食、快便、快眠、快语、快行，良好的个性、良好的适应能力、良好的人际关系，其中"三好"则涉及心理健康。

著名心理学家马斯洛针对心理健康曾提出著名的10条标准，我们可以一起来对比一下：

（1）充分的安全感;

（2）充分了解自己，并对自己的能力做适当的评估;

（3）生活的目标切合实际;

（4）与现实环境保持接触;

（5）能保持人格的完整与和谐;

（6）具有从经验中学习的能力;

（7）能保持良好的人际关系;

（8）适度的情绪表达与控制;

（9）在不违背社会规范的条件下，对个人基本需要做恰当的满足;

（10）在不违背团体要求的情况下，能做有限度的人格发挥。

另外，针对大学生群体，樊富珉老师根据前人研究结果针对性地提出了以下几条：

（1）能保持较浓厚的学习兴趣和较强的求知欲望；

（2）能保持正确的自我意识，接纳自我；

（3）能协调与控制情绪，保持良好的心境；

（4）能保持和谐的人际关系，乐于与人交往；

（5）能保持完整统一的人格品质和良好的环境适应能力；

（6）心理行为符合年龄特征。

当然，同学们也不要太过紧张，不符合以上标准也不意味着心理就不健康。心理状态是一个动态过程，总体稳定，偶尔波动也是正常的，要以平常心看待当下的状态哦。

2018年，国家卫生健康委员会新出台了"心理健康素养十条"，告诫我们如何自我关注，保持心态平和，正确认识心理健康相关的知识，你们不妨也来学习一下。

（1）心理健康是健康的重要组成部分，身心健康密切关联、互相影响。

（2）适量运动有益于情绪健康，可预防、缓解焦虑抑郁。

（3）出现心理问题积极求助，是负责、有智慧的表现。

（4）睡不好，别忽视，可能是身心健康问题。

（5）抑郁焦虑可有效防治，需及早评估，积极治疗。

（6）服用精神类药物需遵医嘱，不滥用，不自行减停。

（7）儿童心理发展有规律，要多了解，多尊重，科学引导。

（8）预防老年痴呆症，要多运动，多用脑，多接触社会。

（9）要理解和关怀心理疾病患者，不歧视，不排斥。

（10）用科学的方法缓解压力，不逃避，不消极。

小爱：标准是为了引导我们更好地朝着这个方向发展，更重要的是，我们应该学会正视这些问题，因为只有面对了才有可能改变。成长的过程中，我们总会遇到很多影响心理健康的因素，安老师您能和我们说一说吗？

安老师：你这种"知其然"还要"知其所以然"的求知状态，我很赞赏。的确，心理健康会受到很多因素影响出现波动，其实很多同学估计都或多或少知晓，状态不好的时候自己都能拎出个两三条。我在这里给大家总结一下，影响大学生心理健康的因素大致可以分为内部因素与外部因素两大类。

外部因素可分为家庭环境、学校环境、社会环境三部分。我们都知道，家庭是孩子成长的第一个环境，父母的教养方式与日常的言行举止会对子女的成长产生巨大的影响。有研究表明，较少的情感关怀、过多的拒绝态度，以及过度的保护与过度的严厉等都会造成子女懦弱、缺乏信任感与安全感，不利于健康心态的养成。学校是孩子成长过程中的主体教育者，学业压力会贯穿整个求学阶段，此外，校园生活中朋辈的相处、师生的关系都会影响到个体发展过程中的心理状态。例如近年来频频爆出的"校园霸凌"，如若处理不当会给孩子造成一定的心理阴影。到了高校，专业发展、生涯规划、自我管理不当都会影响学生的心理健康。最后一个外部因素是社会环境，多元文化下的价值观碰撞，不同文化背景的相互冲击，容易让学生感到迷茫和混乱，如何在从众的浪潮中保持独立性而不被诱惑，是一个很重要的话题。

内部因素则可以从生理、心理和行为习惯三部分来谈一谈。"龙生龙，凤生凤，老鼠的儿子会打洞"，是从生理遗传学的角度讨论对个体发展的影响。有研究证明，家族遗传、神经系统与脑器质类的疾病与心理问题存在相关性，即常说的身心一体，所以同学们要养成良好的作息规律，常锻炼。从心理方面来看，稳定的情绪、正确的认知和坚忍的意志有助于我们适应生活，应对困难，降低心理问题的发生率。不好的行为习惯，如过度迷恋网络、离群索居等会对心理健康水平产生不好的影响，若要齐家平天下，先得从"修身"开始。

【延伸阅读】
A型性格问卷

第二节　心理常识，心口易开

【案例36】孙同学是一名大二的学生，因高考没有发挥好而考入现在的大学，专业也是调剂的，接到录取通知书时很想复读，但是家中条件不好，看到父母左右为难便放弃了。

到了大学的他学习热情一直不高，对所学的专业也不喜欢，好在遇到一位女同学，很热情也很可爱，几次相处下来两人都觉得很喜欢对方，缓解了孙同学高考失利带来的郁闷感。然而，好景不长，孙同学在和女同学相处中，觉得自己不能给对方想要的，花光了自己的生活费，还是无法填补和她一同出游、吃饭等的花销。由于囊中羞涩又不知道如何面对这种现状，在彼此都不理解的状态下，他提出了分手。分手后，小孙开始觉得这个世界上没有人再能够理解自己，自卑、悔恨、孤独、苦闷等情绪蜂拥而至，他开始逃课、睡懒觉、上网玩游戏。他生平第一次欺骗家里，以报补习班为由在网上买电脑，结果被骗。这件事彻底压垮了他，他在寝室一天不吃不喝，室友怎么劝都没用。晚上11点趁着寝室长还没点名，孙同学偷偷跑到了学校的河边大声哭泣，面对逐渐安静下来的校园，他深感全世界都抛弃了自己，深感自己辜负了父母的期望，辜负了曾经努力的自己。听到远处有人呼唤自己的名字，他发现，是室友点名发现自己不在宿舍，担心自己想不开，和辅导员一起出来找自己了。孙同学在辅导员的建议下，去了学校的心理咨询室，在那里道出了自己的委屈、伤心、自责，明白了爱情真正的模样和生活该有的承担。孙同学走出困境，完成了生命中重要的一场蜕变。

图6-2　心理咨询

安老师：茫然、失控、伤心等负面情绪是我们在遭遇挫折时经常会面对的。情绪来临时，我们如何有效应对？识别哪些是有效的支持资源，能够让我们相信，你不是孤立无援的那一个。

小志：安老师，我有一个室友最近几门考试都没考好，还有一门挂科了，这几天都闷闷不乐，也不怎么搭理人。你说我室友是不是得了抑郁症？

安老师：听起来你室友最近因为考试的问题有点烦恼，

【延伸阅读】
如何正确识别抑郁症

希望他能够尽快打起精神来。我认为你的室友更像是"抑郁"而不是得了"抑郁症"。我们一定要记住一点，那就是心理健康的状态是动态的，绝大多数人处于心理健康平均水平，即我们常说的"心理健康"。当我们遭遇一些不愉快的事情或突发事件时，譬如你说的"考试挂科""被分手了"等，短时间内可能会出现负面情绪的波动，即我们常挂嘴边的"抑郁""烦躁""伤心"等，这些都不用担心，个体具有自愈的功能，可以通过调节再次恢复到健康水平。

根据心理问题的严重程度，我们可以将心理问题分为一般心理问题、严重心理问题与心理障碍（精神障碍），你说的"抑郁症"则属于"心理障碍"一类。

一般心理问题是因现实困扰，如人际、情感、适应、学习、突发事件造成的短时间内心理失衡，对社会功能造成了轻微的负面影响，经过自我调节和心理疏导可以恢复，你刚说的考试没考好则属于这一类。

严重心理问题是不良的心理状态已经持续一段时间，且通过自我调节没有明显好转，对其生活造成了一定的影响，内心感到痛苦并想要得到求助。以考试没考好为例，如果考试成绩出来已经超过半个月了，你还因没考好持续困扰，造成你日常上课也受到影响，同时生活和人际也出现了和以前明显的变化，你意识到需要改变，但自己好像有点无能为力，这个时候因考试造成的心理问题则属于此类了，需要引起重视。

心理障碍也称为精神障碍，《精神障碍诊断与统计手册（第五版）》如下定义："精神障碍是一种综合征，其特征表现为个体的认知、情绪调节或行为方面有临床意义的功能紊乱，它反映了精神功能潜在的心理、生物或发展过程中的异常。精神障碍通常与在社交、职业或其他重要活动中显著的痛苦或伤残有关。像对所爱的人死亡这样常见的应激源或丧痛的可预期的或文化认同的反应，并非精神障碍。异常的社会行为（例如，政治、宗教或性）和主要表现为个体与社会之间的冲突并非精神障碍，除非这异常或冲突是上述个体功能失调的结果。"严重心理问题继续发展，可能会出现更严重的情绪困扰，导致社会功能受损，认知也会出现偏差，这个时候如果不及时借助专业的力量介入处理，个人是很难走出心理障碍的困境的。

需要指出的是，心理障碍不是通过我们在网上做一些测试或者道听途说就可以定义的，需要我们去专业机构找专业医生才可以诊断。所以，千万不要给自己"贴标签"，有疑问的话可以求助专业人员，负面的心理暗示会降低自己的幸福感，影响自己的情绪。

小志：我记住了，教育学里就有一个"皮格马利翁效应"，说的是期望对于成人成才的影响，"贴标签"就是相反的证明吧。我有个同学，他家庭经济条件不是很好，生活费主要是靠奖学金和助学金，因为开学的奖学金评比他以0.1分之差只拿到了二等而不是一等，最近一直在责怪自己没有好好学习，上课都有点无精打采的。安老师，这个时候我们能做些什么呢？

安老师：你的这个问题用我们的"行话"来说，就是常见心理问题的求助方式，可以细分为三大类。

第一类是利用自身资源走出困境。学会自我调节，通过适合自己并行之有效的方法进行自我调节，例如运动、休息、看书、旅行等。

第二类是寻找支持资源获取帮助。一方面，可以寻求朋辈帮助，向信任的朋友倾诉，通过倾诉可缓解自身的压力和负面情绪；另一方面，"三人行必有我师焉"，朋友的相似经历也许能给自己走出困境以启迪。还可以寻求长辈支持，要记住，家长、老师都是自己的支持资源，他们丰富的人生阅历和经验有时会给自己不一样的视角，他们不仅仅是你的引路人，更是你彷徨无助时最强有力的后盾。

第三类是求助专业资源。首先可以进行心理咨询。一般高校和部分中小学都设有心理咨询室，都有具备咨询资质、经过专业训练的心理咨询师，可以通过咨询判断自己心理的状态。除了学校，社会上也有很多心理咨询机构。与心理咨询相对应的则是心理治疗。心理咨询师的对象为有一般心理问题的人，有心理障碍的来访者则需交由专业机构的心理治疗师处理，这才是真正意义上的"心理医生"。我们日常所说的"心理医生"，更多是社会机构和学校中的心理咨询师。最后还有一种方式则是药物治疗，问题较为严重时，要前往专业机构诊断，医生可能会对症下药，即通过精神类药物短时间内控制住症状，之后条件允许可以配合心理治疗或心理咨询。研究证明，药物治疗配合心理治疗，治疗的效果会更好、更长久，药物改善症状，心理治疗改变症状背后的认知。

这里有一张"力量分布图"，不同的力量群体适用的心理问题是不一样的。需要说明的是，图中心理咨询师的咨询对象包含了部分心理障碍患者，此种情况包含以下两种情况，一种是在专业医生和督导师的指导下可进行咨询，另一种则是经过系统、规范治疗已处于稳定期的患者，转至心理咨询师处进行治疗。

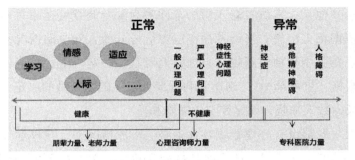

图6-3 力量分布图

面对心理问题或心理障碍，并不是"众人拾柴火焰高"，我们需要承认的是，我们并不是超人，当能力有限时，一方面要承认自己的"无能"，不要太苛责自己；另一方面要知道针对目前的问题我们还可以找哪些资源来帮助自己或他人。

小爱：早就听说学校有心理咨询室了，新生入学的时候还有心理健康教育中心的老师给我们做过心理测试，不过我一直对于心理咨询有一个看法，那就是心理有毛病的人才会去那里。我还有一个顾虑，如果我去做心理咨询，学校的老师和同学会不会知道啊？

安老师：小爱，你知道吗？在西方，牙医、律师和心理医生是家庭中必不可少的后盾，去做心理咨询是有身份、有经济能力的象征呢。只是国内心理咨询发展比较晚，现在还在宣传普及阶段，所以难免会有人有这样的误解。心理咨询是指由受过咨询心理学专业训练的人员运用心理学理论和技术，针对来访者的各种心理问题，通过与来访者协商、交谈、启发和指导，帮助来访者达到自立自强、增进心理健康水平和提高社会适应能力的目的。

心理咨询都是在固定的功能室、固定的时间进行，一般一周一次，一次50分钟。第一次来访时会根据每个咨询机构的设置签署《来访者知情同意书》，部分内容根据咨询机构设置会有所不同，但其中一些权益都是相同的。

比如你们担心的隐私问题，所有知情同意书中都有"保密原则"，即心理咨询工作中的有关信息，包括个案记录、测验资料、信件、录音、录像和其他资料，均属专业信息，在严格保密的情况下进行保存，避免在任何公众场合公开。当然，有保密原则就有"保密例外"，例如经过来访者同意将咨询相关信息透露给其他人；来访者卷入司法案件中为配合调查可在相关单位出具证明后提供咨询相关信息；来访者存在危害自身或他人安全的情况；咨询中发现来访者正在服用精神类药物，心理咨询对其不一定合适；等等。总之，保密例外是根据"生命第一""来访者利益最大化"的原则做的决定，咨询机构会控制在极少数人知晓，以保护学生的隐私。

高校一般都设有心理健康教育中心。一般情况下，在校学生到心理健康教育中心咨询是免费的，你咨询的费用由国家、学校根据相关政策替你缴纳。不同高校的咨询预约方式不同，大体可以分为当面预约、网络预约、电话预约三种。如果你有咨询的需求，记得查阅入校的学生手册，里面都会有介绍，或者也可以询问你的学长、学姐或者辅导员。

如果你想到社会机构进行咨询，可以通过老师介绍、自己查找当地或外地有经验的咨询师进行咨询，一般当地的咨询师可以提供地面咨询和网络咨询，如果路途较远比较建议网络咨询。不过，咨询市场目前鱼龙混杂，一定要谨慎选择，要注意咨询师工作的机构是否是正规机构，机构和咨询师是否都有资质，机构要有"营业执照"，咨询师要有"国家二级心理咨询师证书""注册心理师""注册助理心理师"等资格证书。需要注意的是，心理治疗师只有在医院才有，目前国家没有出台"国家一级心理咨询师"的标准。然后要看对方的培训情况，每一位合格的咨询师在拿到资格证书后都要经历漫长的学习和个人成长才可以进步。目前，国内比较知名的心理咨询网络平台有"壹心理""东方明见""曾奇峰工作室""天天心理"。

小爱：我听懂了，任何规则不能逾越"生命第一"的原则，心理问题就像身体感冒了，需要吃药治疗。那么，心理咨询和生理检查有区别吗，是不是一次就可以解决所有的困惑？

安老师：老师很能理解来求助学生的心情，许多来访者希望一次咨询就能解决问题、扫除痛苦，但很多心理问题是由长期累积的创伤所致，需要咨询中咨访双方共同努力来促成来访者的自我成长。所以，心理咨询不是"万精油"，不要期待一次咨询就可以"药到病除"，一般短程咨询会在8~20次，长程咨询可能会长达几年甚至几十年。我们常常说一个习惯的养成需要21天，更何况长期积压在你心头的那些事。所以，我想给大家普及一些关于心理咨询的知识，来消除大家心中的误解：

误解1：去做心理咨询的人都有"病"。

对心理咨询的惧怕与怀疑可能源于对"精神病"的无知，去心理咨询怕被当成"精神不正常"看待。怕的不是面对问题，而是"讳疾忌医"，有时一些轻微的心理问题不及时寻求帮助或解决，可能会累积成严重的心理问题。其实，愿意心理咨询和求助，恰恰是心理健康的表现。

误解2：我的心理素质好，不需要心理咨询。

心理咨询的目的不仅仅是解决你的心理危机和心理问题，还可以帮助你了解自己、发挥潜能、获得成长。此外，生活中每个人都会遇到困难和苦恼，心理咨询可以陪伴你度过艰难的岁月。

误解3：心理咨询就是聊天。

尽管心理咨询开展的方式主要是谈话，但这不是一般意义上的聊天。它以专业的理论知识和技术规范为基础，用以解决心理问题、促进人格发展。它需要咨询师高度关注及情感的付出，与朋友聊天、亲友劝慰、老师谈话、思想教育不同。

误解4：心理咨询就是直接告诉我解决问题的方法。

虽然心理咨询在某些程度上具有一定的指导性，但更重要的是心理咨询师运用心理咨询知识和技术让来访者了解自己，共同探索解决心理问题的方法。心理咨询就好像你和咨询师同在一条船上，你是最了解自己的问题的专家，咨询师是解决问题的专家。咨询刚开始时，你们每人手持一支桨共同保持船平稳向前，渐渐地，你学会了咨询师解决问题的技巧，最终接过咨询师手中的桨，一个人平稳向前行驶。

误解5：心理咨询师能看透我。

心理咨询并不神秘，不是算命和卜卦。心理咨询师除了拥有更多的专业知识、技术和良好的观察力之外，并无特异功能。他对你的了解建立在你们的关系和谈话的基础上。所以，下一次不要见到学心理学的同学或老师，就问"你猜猜我心里在想什么"，这会令对方很崩溃！

误解6：谁都能当心理咨询师。

按照要求，心理咨询师应具备相关的知识，通过认证资格考试，经过严格的实习训练，具有一定的实践经验，并不断学习、成长、督导，才有可能成为合格的心理咨询师。樊富珉老师就说过，一名合格的心理咨询师至少要经过6~10年的成长。

心理咨询不是"万精油"，不是一次就能解决所有的问题，而且我们必须承认，心理咨询有其不适用的时候。例如，来访者不配合，因为咨询只有相互合作才能起到效果。还有当来访者已经没有自知力，或者心理状态比较糟糕，此时就属于刚才说到的"保密例外"情况，这种情况下咨询无法在短期内改善来访者情况，需要借助专业医生的力量。在高校，遇到这种情况，我们都会启动危机干预程序，一般是告知家长学生的情况，家长来校后在学院老师的陪同下为学生寻求系统规范的诊疗措施。很多学生会觉得这样做很不人性，也害怕麻烦别人，其实就像我们说的，在生命面前，学习、生活、工作都是次要的，而且帮助你的人从来不嫌麻烦，只希望你度过这个坎，完成自我的蜕变。

小爱：其实老师说的这些道理我都懂，但心里难免还是有些不舒服。我有一个远方的堂弟，上初三时被诊断为"精神分裂症"。因为家在农村，父母总觉得这是一个很不好的疾病，总是藏着掖着，担心别人说自己孩子"精神病"。我也很苦恼，大家好像对于心理障碍的认识都不是很清楚。关于这块，安老师您能给我们科普一下吗？还有刚刚提到"药物治疗"，精神类药物和日常吃的药有什么区别吗？

安老师：2009年6月13日，著名医学杂志《柳叶刀》发表了北京回龙观医院流行病学研究中心主任费立鹏对我国4省精神障碍的流行病学调查结果。结果显示，精神障碍患病率高达17.5%。世界卫生组织指出，到2020年，抑郁障碍将成为影响人类身心健康的第二类慢性疾病。其实，心理障碍在我们生活中并不少见，只要经过系统治疗，患者是可以恢复正常生活的。只是因为各种原因，我们对于各类心理障碍的认识并不全面，产生了误解。可喜的是，随着时代进步，大家越来越能接受了。

现在，很多精神卫生中心也设了心理科，除了医治需要住院治疗的患者外，也提供门诊的心理治疗，很多因为一般心理问题的人也会去医院寻求心理帮助。目前，国内心理咨询与治疗做得较为规范、专业的往往都是专科医院，我的一位好友就是学心理学的，她读研究生期间在精神卫生中心待过，和里面的"病友"亲密相处了两年。我常会听她说一些精神病院发生的故事，那里有因失恋去求助的小青年，也有整宿无法入睡的睡眠障碍患者，大家都在那里得到了相应的治疗。重要的不是我们贴在身上的标签，而是标签之下我们是否有勇气去面对。

《精神障碍诊断与统计手册（第五版）》将心理障碍划分为22类，其中较为常见的有精神分裂症谱系及其他精神病性障碍、双相及相关障碍、抑郁障碍、焦虑障碍、强迫及相关障碍、人格障碍。不同的障碍会有不同的诊断标准，这些标准类似于生理检查中的各项指标，主要从病程时间、知情意（认知、情绪、意志行为）、社会功能等方面判断。

郭念锋老师曾提出一个"病与非病三原则"，以帮助我们判断个体是否出现异常。第一条是主观世界与客观世界同一性原则。一个人的内心世界要与所处的世界相一致，想法和行为都不能脱离现实，如果脱离了客观世界，就会出现"妄想""幻觉""幻听"等症状。第二条是心理活动的内在协调性原则。内心喜悦对应的是笑容，内心伤心对应的是流泪，愤怒对应的是横眉，这些都是心理活动内在协调的表现。心理活动出现失调，就像电脑系统出现乱码，生活将无法正常运转。第三条则是人格的相对稳定性原则。"江山易改，禀性难移"，说的则是一个人的人格有相对的稳定性，一个人在自己长期的成长道路上会形成具有自己独特特征的人格，没有重大的外界刺激，人格一般不会发生重大改变。

如果怀疑自己患有心理障碍，最好的方法不是猜测，而是求助专业医生，千万不能讳疾忌医。

还有，你提到吃药的问题，其实很多人有这个担心，因为我们都会有"是药三分毒"的想法。的确，在服药治疗的时候，不同的人会因为药物产生不同的反应，比如肠胃不适、嗜睡等，不过在适应之后这些反应都会消失，是可逆的，但是因不服药带来的病情加重则是不可逆的。所以服药与否就像一个短期的与长期的利弊对比，你是选择短期的不适但最终康复，还是选择短期的舒服但最终加重呢？

另外，心理类药物和平时吃的药还不一样，千万不能随意增减药量和擅自停药，否则可能会引起"药理性反复"，导致病情回到起点甚至更重。所以用药一定要遵医嘱，因为私自停药导致的后果会很严重。关于抑郁症的临床研究表明，首次用药半年到一年即可停药，二次用药会在三到五年，如果三次用药，医生基本就会建议终生服药了。

小爱：我懂了，身体会生病，心理也会生病，只不过诊断和检查的工具有所不同。安老师，我经常在网络上看到各种心理测试，有测试你是什么性格的，还有测试你的情绪如何，我也做过一些，感觉有的结果还蛮准的，这些测试可信吗？

安老师：有一个特别有意思的心理学效应，叫"巴纳姆效应",也称星相效应。它是1948年由心理学家伯特伦·福勒通过实验证明的一种心理学现象。生活中，当我们用一些一般性、广泛、笼统的词描述、评价一个人时，人们会觉得这些描述很准确，十分准确地揭示了自己的特点。最常见的就是我们觉得特别准的"星座"。著名杂技师肖曼·巴纳姆在评价自己的表演时说，他之所以很受欢迎是因为节目中包含了每个人都喜欢的成分，所以他使得"每一分钟都有人上当受骗"，"巴纳姆效应"也由此而来。你们在网络上做过的很多心理测试其实是运用了这个效应。

【延伸阅读】
艾森克人格问卷(EPQ)
附解释

【延伸阅读】
抑郁情绪自评量表
焦虑情绪自评量表

还有一类测试是我们在咨询和诊断中会使用的专业量表，比如你们见过的霍兰德职业测试、SDS（抑郁自评量表）、SAS（焦虑自评量表）等，但是这类量表的结果应该结合临床的观察，由经过训练的专业人士给你们做指导并对结果进行解释。因为量表在临床上只是辅助手段，量表的结果并不一定就是你当前真正的心理状态。网络给我们了解自己提供了很多资源，但同时也会给我们带来困扰，所以想要知道自己是否真的"抑郁"或"焦虑"了，千万不能仅凭网络测试就下论断，要找专业人士进行评估和诊断。错误的心理暗示会给自己的生活带来更多的负面影响。

第三节 心理调适，自助助人

【**案例**37】赵同学一直为自己的家庭情况而自卑，她有一个身患抑郁症的母亲，父亲脾气不好。赵同学小的时候她的父亲常打母亲，母亲懦弱不会还手也不知道求助，突然有一天就爆发了，哭着喊着想要自尽。父亲害怕了，将母亲送到医院，医生说是抑郁症，需要服药治疗，之后父亲再也不发脾气了，家里却再找不回那个爱笑的母亲。上大学后，赵同学不敢和别人提起她的家庭，她性格敏感、多思，更不敢诉说自己的家庭困难。每次班级评选贫困生，赵同学都会虚报家庭情况，因为她害怕别人看不起她，害怕别人知道她有一个有心理障碍的母亲，她更害怕她的情绪有一天会和母亲一样失控，人际交往会和母亲一样被动。她像一朵孤芳自赏的花，独立行走在班级、寝室之外，却又希望有人能看到她内心的孤独和无助。赵同学总是活得胆战心惊，直到后来，她看到学校心理健康教育中心的团体辅导招募公告，里面说，如果你不知道如何控制自己的情绪，如果你想在人际中找到属于你的位置，如果你想尝试脱下你的伪装，如果你想为现在的你做出一点改变，也许你可以来这里。赵同学被公告打动，报名了。8周的辅导，面对在情绪、人际、生活中有着一样困扰的成员，从不熟悉的拘谨到最后的坦诚，当辅导结束的时候，赵同学发现自己变得爱笑了，也健谈了一些，虽然依旧敏感，但她开始愿意去面对真实的那部分自己。赵同学开始努力面对自己的家庭，面对自己的过往，当然，也努力在生活中找到适合表达自己、调适自己的方式。

图6-4 大学生团体辅导培训

安老师：重要的不是过往，而是当下。重要的不是发生了什么，而是正在发生什么。我们都会有自己的小故事，这是属于我们的烙印，你是否愿意运用心理学的方法，去调适自己的负面情绪、负面行为和负面想法。

小志：安老师，最近我在准备"自强之星"的评选，刚刚通过学院的评选，马上要代表学院去学校参加评选，其实还是很紧张的。您能向我推荐一些缓解压力的调节方法吗？

安老师：可以啊，不过每个人的性格、成长经历不同，适合自己的调节方法会有所不同，但总体来说合适的调节方法一定都是积极、健康的。性格开朗的人，也许更适合运动、倾诉、旅游，内向的人可以看书、写作、听音乐。另外，培养一项兴趣爱好会有助于自己在苦闷时有所寄托，帮助自己转移注意力。当情绪不好的时候，首先要学会接纳自己不好的状态，这就像身体生病时，医生总会告诉你要放轻松，多休息一样。有时候状态不好，其实是身体提醒你要适当休息，所以不要为自己不好的状态而自责。可以去找人倾诉解压，去看一场电影，或者到操场发泄一下，也可以选择睡个觉，等等，这会帮助你远离"事故发生现场"，通过转移注意力或休息的方式让你平静下来，并有可能冷静分析之前的状态。

"自强之星"的评选对你来说，是一个很想达成的目标。我想给你讲一个心理学名词——"动机"，指的是你对一件事情的内部动力。动机有大小之分，但不是做每一件事的时候动机越大越有利于事情的完成。心理学家耶克斯与多德森提出了"耶克斯-多德森"定律。他们的研究表明，动机水平和工作效率之间的关系不是一种线性关系，而是"倒U形"曲线关系，中等水平的动机最有利于任务的完成。也就是说，动机处于中等水平时，工作效率最高，一旦动机超过了这个水平，对行为反而会产生一定的阻碍作用。如学习的动机太强、急于求成，会产生焦虑和紧张，会干扰记忆和思维活动的顺利进行，使学习效率降低。另外，随着任务难度的增加，动机的最佳水平有逐渐下降的趋势。我相信你们一定记得，高考前老师们总是提醒你们："正常发挥就是超常发挥"，背后运用的就是动机原理。所以你不妨想一想，这次评选对你而言是多难的任务呢？你把心态摆在哪个位置更合适？

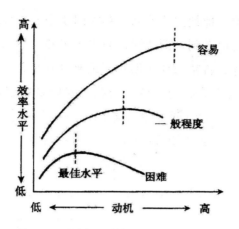

图6-5 耶克斯-多德森定律示意图

小志：这张图真是清楚明了，我要考虑一下我对待这次评选的"动机"是不是太强了，反而影响了我的准备。谢谢安老师。刚才您提到学习问题，其实很多时候，我发现有一部分同学学习很努力，好像一直都在学习，但是总是达不到想要的效果，他们或是打着学习的名义在做着其他的事情，然后因为拖延无法完成学习任务；或是因为不得学习要领但又耻于问别人。安老师，面对这类学生，您有什么好建议吗？

安老师：有拖延习惯的同学们主要有以下几种心理特征：第一，追求所有事情在最后时刻集中完成的那种刺激与成就感；第二，完美主义者，希望面面俱到，所以一拖再拖；第三，高估了自己的能力，同时低估了任务的难度，最终因"眼高手低"将任务积累到最后；第四，因为过于焦虑，所以一直没有开始；第五，事情没有计划，总觉得事情一直很多，所以干脆放弃开始。

我对此最诚恳的建议就是，面对拖延最有效的方法就是"现在开始"。学会制订合理的计划，合理意味着你的计划是具体、切实、可行、难度适宜的，而且要有一定灵活性，以至于节奏被打乱时不会手忙脚乱。时间管理理论中有一个"四象限法则"，法则提出根据事件的"重要性"和"紧急性"可以将所有的事件分为四个象限（如图6-6所示），第一象限是"重要而且紧急的事件"，第二象限是"重要但不紧急的事件"，第三象限是"不重要且不紧急的事件"，第四象限是"不重要但紧急的事件"。在立即完成重要而且紧急的事件后，我们应有重点地把主要的精力和时间集中放在处理那些重要但不紧急的工作上，这样可以做到未雨绸缪，防患于未然。然而，我们大多数人被生活中的琐事所牵绊，将精力耗在那些不重要且不紧急、不重要但紧急的事情上，从而耽误了真正该做的事情。因此，我们要牢记，要优先解决第一象限——"马上做"，未雨绸缪第二象限——"计划做"，坚决远离第三象限——"减少做"，学会区分第四象限——"协商做"。

图6-6　时间管理理论"四象限法则"

小志：回去我一定要和同学们分享这个顺口溜。不过，我总觉得现在的我们耐挫性都不是很高，当一堆事情来临时，一件小事没有处理好也许就会出现负面情绪。

安老师：史托兹在其著作《逆境商数》中提出逆商（adversity quotient）的概念，他认为逆商是个人在面对困境和走出困境的过程中体现出来的能力和态度，包含控制（control）、起因（origin）、自我责任（ownership）、延伸（reach）、耐力（endurance）五个因素。想要拥有高逆商，就要像登山一样，脚踏实地，要看得到高山，想得到方法，赢得了苦难。

挫折其实是磨炼心性的试金石，温室里的花朵是经不起风吹雨打的，所以想要成长就要接受无处不在、随时而来的挫折。如果一直都有挫折感，就要考虑给自己制订的计划、目标有没有问题。心理学上有一个名词叫"习得性无助"，指在长期失败下形成的一种对现实的无望和无可奈何的行为和心理状态，即所谓的"破罐子破摔"。如果你感觉自己一直有挫折感，走出恶性循环的方法是打破"习得性无助"，培养自己的"自我效能感"。学会将自己的目标细化，保证自己每一步的成功，让自己可以有动力继续走下去。还可以求助老师和朋友，利用"榜样"的力量帮自己找到合适的方法。最重要的是，在面对挫折时，不要苛责自己，怀疑他人，只要你比昨天的自己优秀那就是进步，没有人会一直盯着你的弱点嘲笑下去。所以，挫折最大的敌人其实是你自己。

小爱：所以我们要有一颗强大的内心，学会自控，学会强大。只不过道理都明白，但是情绪来的时候还是控制不住，安老师，您针对情绪的管理有一些"大招"吗？

安老师：有啊，其实每个人都有自己应对情绪的一套方案，有人喜欢唱歌发泄，有人喜欢运动宣泄，有人喜欢化身"祥林嫂"絮絮叨叨一番，也有人通过美食和"美容觉"来缓解。我这次给大家介绍两种心理学上常用的方法。

第一种是放松和正念技术。放松练习有很多种，包含渐进式肌肉放松、想象、呼吸控制，在网络上会有一些资源，同学们可以自行下载，在情绪焦虑时练习。正念技术的原理则是帮助我们非评判性地观察和接纳我们的内在体验，不去评价或试着改变这些体验，运用较多的则是正念冥想。这些方法需要环境相对安静，同时会有一些指导语，条件允许的情况下会配合背景音乐使用。

【延伸阅读】
情绪指导语

第二种是利用认知行为治疗中的技术原理进行有意识的控制和练习。当下心理咨询技术使用最广的要数认知行为疗法，其中的核心原理认为，一件事情发生了，决定我们对它的情绪反应和行为方式不是事件本身，而是情绪和行为背后的想法。如果一个人长期因情绪或行为问题受到困扰，那么背后一定存在认知评价上的歪曲。心理学家艾利斯曾将这些认知歪曲归为11条不合理信念，分别是：

（1）在自己的生活环境中，每个人都绝对需要得到其他重要人物的喜爱与赞扬。

（2）一个人必须能力十足，至少在某方面有才能、有成就，这样才是有价值的。

（3）有些人是坏的、卑劣的、邪恶的，他们应该受到严厉的谴责与惩罚。

（4）生活中出现不如意的事情时，就会有大难临头的感觉。

（5）人的不快乐是外在因素引起的，人不能控制自己的痛苦与困惑。

（6）对可能或不一定发生的危险与可怕的事情，应该牢牢记在心头，随时顾虑到它会发生。

（7）对于困难与责任，逃避比面对要容易得多。

（8）一个人应该依赖他人，而且依赖一个比自己更强的人。

（9）一个人过去的经历是影响他目前行为的决定因素，而且这种影响是永远不可改变的。

（10）一个人应该关心别人的困难与情绪困扰，并为此感到不安与难过。

（11）碰到的每个问题都应该有一个正确而完美的解决办法，如果找不到这种完美的解决办法，那是莫大的不幸，真是糟糕透顶。

我们需要通过找寻情绪和行为背后的认知歪曲来进行修正。这是一门需要长期训练的专业技能，但是作为日常的调节方式，我可以友情提供两张图供你练习。我称它为"花朵分析"。

使用两张分析图的诀窍就在于当不良的情绪和行为出现的时候，学会多问自己"为什么"，问一问自己，刚才发生了什么，我想到了什么，脑子里出现了什么样的想法或画面。把自己的想法提升到意识层面去处理，辩证地分析想法是否有不合理的地方，然后寻找可以替代的想法，要注意替代的想法一定是合乎现实的，不能从一个极端走向另一个极端。当想法改变的时候，我们的情绪、行为和生理反应也会随之变化。一开始是刻意的练习，长久下去，我们就会改变惯有的思维模式，学会更灵活、积极地思考问题。

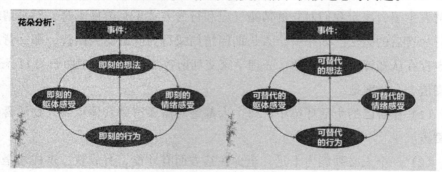

图6-7　花朵分析

小爱：听起来有点复杂，没想到情绪管理还有这么多的学问。那安老师，我还想咨询一个问题。我有一个同学，他有一个从高中就一直在一起的女友，高考结束，女友去了外地，我同学选择了离家近的学校，两人开始了异地恋的生活。我同学母亲身体不好，长期在家待业，经济来源主要靠父亲一人。我同学是一个很励志也很上进的人，每年都拿奖学金和助学金，还会通过勤工俭学补贴家用。但因为大三面临考研和就业的选择，两人有了一些矛盾。我同学想要就业，女友则希望两人继续深造，因此两人目前处于冷战状态，安老师您能支支招分析一下吗？

安老师：心理学家斯滕伯格曾提出爱情三因素理论，他从动机、情绪和认知方面提出爱情由三种成分构成：激情、亲密与承诺。爱情也由此可分为7类，其中三者并存的爱情被我们称为"完美的爱情"，寓意为可以长久的爱情。另外，对于三种成分的研究表明，随着时间的推移，亲密与承诺在爱情中维持得更久远，激情会随着时间慢慢消退，所以想要维持一段好的感情，需要三者共同的作用，能够为对方做到亲密与承诺，定期制造激情。你的同学感情出现问题，则是这三者中间出现了矛盾，不妨请他思考一下。每一段感情都需要用心去经营。

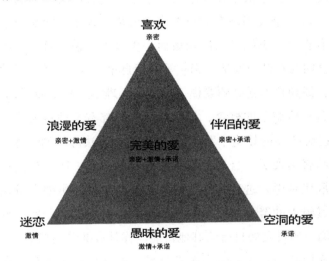

图6-8　爱情三因素理论

同时，男女在爱情中的需求也会存在差异，我在此可以举例供同学们在恋爱中识别，以防"踩到雷区"。你也可以请你同学思考一下，是否在沟通中踩到了其中的"雷区"呢？

表6-1　男女在爱情中的需求差异

状　况	女　性	男　性
感情的需求	关心、照顾、了解、尊重、专一、肯定、保证	信任、接纳、欣赏、羡慕、认可、鼓励
爱情关系中	需要感到被珍爱，而不仅是得到生活和物质的满足	需要感到能力被肯定
情绪低落时	需要聆听与共情，而不是分析和建议	需要安静独处或静静陪伴，而不是细说缘由
价值观	人际中更多地被肯定	事业上更多的成就感
增进爱情时	需要感到被重视和理解	需要感到被欣赏和感激
沟通中	男人的沉默会被理解为对自己的不满	女人的宣泄会被理解为寻求办法

小爱：我懂了，爱情不仅有激情、亲密，还有承诺，而这些都需要我们用心去经营，每一个人都是在爱与被爱中成长，最重要的是要给予对方信任与尊重，还有自信，不因自己的短板而心生自卑。说到自卑，我发现很多同学在交往中会因为自己的经济、相貌等原因自卑，这是一种正常的心理吗？

安老师：提到自卑就必须要提一提个体心理学家阿尔弗雷德·阿德勒了，他提出了"自卑情结"的概念，他认为"我们都有某种程度的自卑感，因为我们处于自己想改善的处境中"。当个体面对他无法应对的问题，并无法解决时，自卑情结就出现了。自卑会带来紧张与不适感，所以我们总是在争取补偿行为以获取优越感。这种补偿有两种方式，一种是集中力量在缺陷上发展其功能，通过极大的努力使原来的缺陷变成自己的优势；另一种则是承认自己的某种缺陷，通过发展自己的其他机能以弥补有缺陷的机能。

所以，我们必须首先要学会接受自卑，再优秀的人总有让自己不满意的地方，而不同于一般人的地方在于，他们可以通过正确的方法正视自我的短板，然后想办法去弥补或改善。每个人其实都可以做到这点，只是对于不同的人来说，其摆脱之径或方式可能不同罢了。阿德勒认为，通过与社会合作的方式去改进自己的环境，才能有效脱离自卑感，从而使自卑成为人格发展的动力。所以，自卑并不可怕，可怕的是因为自卑将内心封闭起来不与外界交流。

如果因为自卑走不出来，很多同学会在日常生活中出现人际上的冲突。例如，我看见室友在那里展示新买的衣服或限量版纪念品，就会认为是在讽刺我穿着寒碜；听见同学在聊暑假又去哪里旅游了，就会认为在笑话我只能兼职挣生活费；一听大家有聚会，就认为故意排挤我了。慢慢地，人际冲突就出来了，其实每个人在人际交往中都希望被平等对待，被尊重。面对人际交往中的不平等感，合理情绪疗法的创始人——美国著名心理学家艾利斯给我们提供了一条人际交往中的"黄金规则"，即要"像你希望别人如何对待你那样去对待别人"。换句话说，你希望别人怎样对待你，你就要怎样对待别人。而现实生活中，许多人并不知道或者不会用"黄金规则"，许多人抱住这样的观念不放："我对别人怎样，别人就必须对我怎样"，而这恰恰是所谓"反黄金规则"。人际交往中出现问题的学生或多或少犯了"反黄金规则"，"己所不欲，勿施于人"，当你抱怨的时候，不妨想一想，你对别人的要求你自己做到了吗？而另一方面，你所喜爱的，未必别人也愿意接受。关于自卑带来的人际困惑，我想在之前的章节中已经说得够多啦，在这里就不多说啦。

【延伸阅读】
人际沟通测试
喜欢与爱的区别

　　关于自卑，重要的不是掩盖，不是欲盖弥彰，重要的是，我们是不是正视了它，完成了对它的超越。

第七章 燃烧我的卡路里

科学技术是第一生产力，创新是社会进步的灵魂，创业是推进经济社会发展、改善民生的重要途径，创新和创业相连一体、共生共存。今天，我们正在走进创时代，创新创业不仅是政策导向，而且是实践与理论并行的新兴事物。站在新的时代起点，"创新创业"既是国计民生之需，又是时代转型之要。

创新创业其时已至，我们要应时而为。习近平同志指出："创新是社会进步的灵魂，创业是推动经济社会发展、改善民生的重要途径"。李克强同志在2017年政府工作报告中，明确将"大众创业、万众创新"作为经济增长的新引擎。创新创业是适应新常态、促进稳增长、着力调结构、激发新动力的重大举措，已成为引领新常态、实现新发展的强大动力。

创新创业其势已成，我们要顺势而上。近年来，全民创新创业的激情和热情持续迸发。大学生作为最具创业活力和潜力的群体，如何培养其创新创业能力，是摆在当前社会发展面前重要紧迫的课题。我们要顺应创新创业时代潮流，要加快培养规模宏大、富有创新精神、勇于投身实践的创新创业人才；要着力营造创新创业氛围，让创新成为每个人的价值取向和自觉行动。

创新创业其风正劲，我们要乘风破浪。可以说，当今时代，既是创新的时代，又是创业的时代；创新创业不再是少数人的专业，而是多数人的机会。作为在校大学生，我们身边不乏优秀的校园创新达人和创业先锋，他们敢为人先的创新精神、勇于打拼的创业故事发人深思、催人奋进。当代大学生要以先进典型为榜样，学习先进、争当先进、赶超先进，敢于创新、勤于创业、勇于创造。

简而言之，"大众创业、万众创新"不仅可以激发千千万万群众的智慧和创造力，还将培育和催生经济社会发展新动力。创新驱动发展、创业推动就业，创新创业其时已至、其势已成、其风正劲。新时代大学生要充分认识到创新创业的时代意义，要进一步加强学习，增长本领，进而因势而谋、顺势而为、乘势而上，勇做创新创业时代弄潮儿！

第一节　初始创新，明晰创业

【案例38】经过开照相馆、提炼废金属、造冰箱、做装潢材料、造摩托车等五次创业，李书福于1997年正式进入汽车制造业。那一年，这位伴随改革开放成长起来的"草根创业者"35岁。在中国汽车界，李书福是一个独特的存在。

李书福之独特，不仅在于他发言大胆并具有轰动性。比如："轿车是什么？不就是四个轮子，几个沙发，加上一个铁壳吗？"比如："请给我一次失败的机会！"

李书福之独特，更在于他白手起家，以一个持续创业者的无畏和一个理想主义者的执着，义无反顾地扛起自主创新的大旗，用超前的眼光不断整合全球资源，把最初在人们眼中并不看好的吉利，打造成旗下拥有吉利汽车、沃尔沃汽车、吉利新能源商用车、吉利集团（新业务）、铭泰集团5大子集团，在全球范围内管理吉利、领克、宝腾、路特斯、沃尔沃、远程商用车等多个汽车品牌，聚焦于未来大交通格局的全球创新型科技企业集团。2017年，吉利实现销售汽车182万辆、营收超过2700亿元，在圆中国人汽车梦的同时，也为中国汽车人赢得了尊严。

为让中国的汽车"跑"向全世界，吉利一直积极在全球布局，八年前就曾因收购沃尔沃引发广泛关注，2018年又收购了德国车企戴姆勒股份公司9.69%股份，成为其最大股东。

李书福清醒地认识到，企业家在企业初创时期，更多依靠一种奋斗者和创业者的精神在前行，但当企业走向国际时，企业文化一定要跟上并且支持业务的拓展。

他表示，在收购沃尔沃之后，吉利开始参与全球各个国家细分市场的竞争，过程中必然涉及如何开展与不同国家和背景的员工高效、有益地交流。要使企业真正成为一家全球型的企业，首先必须要解决今天企业所面临的跨文化的冲突和融合。吉利致力建立的"全球型企业文化"，其核心特点是尊重、适应、包容与融合，最终目标是达到合作共赢和实现企业在全球市场的成功。

图7-1　吉利汽车在港口整装待发

安老师：从小作坊起步，他带领吉利汽车从小到大，由弱变强，从小山村走向全世界。民营汽车工业开放发展的优秀代表、浙江吉利控股集团董事长李书福认为，吉利的发展应归功于改革开放的好政策，必须倍加珍惜，为"中国汽车跑遍全世界"而顽强拼搏。"我决定要研究、生产汽车，真没有太多的人相信。大家都认为中国在汽车工业领域已经没有优势了，只能与外国汽车公司合资或者合作才有可能取得成功，"李书福回忆说，"但我相信，中国一定会成为世界上最大的汽车市场。"

小志：我们在校园生活中常常可以听到"创新"和"创新精神"，能不能请安老师给同学们普及一下"创新"的含义呢？

安老师：好的。"创新"在学术上的定义现在有很多种，尚未形成统一、规范的认识。从思维方式上来看，创新是指以现有的思维模式提出有别于常规或常人思路的见解为导向，利用现有的知识和物质，在特定的环境中，本着理想化需要或为满足社会需求，而改进或创造新的事物、方法、元素、路径、环境，并能获得一定有益效果的行为。从社会经济学层面来看，创新是在经济和社会领域生产或采用、同化和开发一种增值新产品，更新和扩大产品、服务和市场，发展新的生产方法，建立新的管理制度，等等。它既是一个过程，又是一个结果。从本质上说，创新是创新思维蓝图的外化、物化、形式化。

综合来看，创新是以新思维、新发明和新描述为特征的一种概念化过程。主要有三层含义：第一，更新；第二，创造新的东西；第三，改变。我们还要认识到：创新是人类特有的认识能力和实践能力，是人类主观能动性的高级表现，是推动民族进步和社会发展的不竭动力。一个民族要想走在时代前列，就一刻也不能没有创新思维，一刻也不能停止各种创新。

在校园生活中，我们也不难发现有很多创新达人，他们善于从学习、生活中的问题出发，或精妙构思，或勇敢尝试，在思维、方法、形式、实践或成果等方方面面创新，来实现某一领域新的发展和突破。

小爱：安老师关于"创新"含义的阐述，让我较为系统地认识了"创新"。那么就如何来理解学习生活和工作中的创新而言，我还希望安老师帮我们解读一下"创新"的特征。

安老师：好的，为了帮助同学们更好地理解，我们就不得不谈到创新的特征与外延。

创新活动具有如下基本特征：

（1）创新是人类特有的活动。创新是在意识支配下进行的创造性活动，在人类社会之外，其他动植物只是进化、演化，而不是创新。

（2）创新是有规律的实践活动。它以扎实的专业知识为基础，以艰苦卓绝的精神劳动为途径，以敏锐的观察力、丰富的想象力、深刻的洞察力为导向，反映符合事物发展要求的基本规律，是一种有规律的实践活动。

（3）创新是突破性的实践活动。它不是一般的重复劳动，更不是对原有内容的简单修补，而必须是突破性的发展、根本性的变革、综合性的创造。

（4）创新是继承中的升华。继承是创新的必要准备，没有继承，创新就会成为无源之水；创新是继承的必然结果，是"青出于蓝而胜于蓝"。没有创新，继承就会失去本来的意义。

（5）创新必须遵循以下基本规律。创新要有实事求是的科学态度。创新是一个破旧立新的过程，具有批判和怀疑的勇气，具有不满足于现状的进取精神。创新要有正确的方向。一切创新，最终都是为了服务民众，让民众从创新中得到实实在在的好处。不能赶时髦，不能盲目瞎干，否则就会劳民伤财，将会被民众唾弃。创新要有鲜明的特色。创新总是具体的，必然带有一定的地方特色、专业特点和创新人员的个性特点。特色愈鲜明，创新才会愈有生命力，才能愈长久地经受时间和实践的检验。

小志："创新"乍一看离我们比较远，实际上生活中处处皆有"创新"，我们应该逐渐成为有"创新精神"的时代青年。请问安老师，我们该如何理解"创新精神"的本质及培养途径呢？

安老师：创新精神非常重要且关键。从国家社会层面看，创新精神是一个国家和民族发展的不竭动力；从个人角度来理解，创新精神也是一个现代人应该具备的基本素质。下面我们再来全面认识一下"创新精神"。

创新精神是指要具有能够综合运用已有的知识、信息、技能和方法，提出新方法、新观点的思维能力和进行发明、创造、改革、革新的意志、信心、勇气和智慧。创新精神是一种勇于抛弃旧思想、旧事物，创立新思想、新事物的精神。例如：不满足于已有认识（掌握的事实、建立的理论、总结的方法），不断追求新知；不满足于现有的生活生产方式（方法、工具、材料、物品），根据实际需要或新的情况，不断进行改革和革新；不墨守成规（规则、方法、理论、说法、习惯），敢于打破原有框架，探索新的规律，新的方法；敢于根据事实和自己的思考提出质疑。

从归属角度来看，创新精神属于科学精神和科学思想范畴，是进行创新活动必须具备的一些心理特征，包括创新意识、创新兴趣、创新胆量、创新决心，以及相关的思维活动。创新精神与其他方面的科学精神不是矛盾的，而是统一的。例如：创新精神以敢于摒弃旧事物、旧思想，创立新事物、新思想为特征，同时创新精神又要以遵循客观规律为前提。只有当创新精神符合客观需要和客观规律时，才能顺利地转化为创新成果，成为促进自然和社会发展的动力；创新精神提倡新颖、独特，同时受到一定的道德观、价值观、审美观的制约；创新精神提倡独立思考、不人云亦云，并不是不倾听别人的意见、孤芳自赏、固执己见、狂妄自大，而是要团结合作、相互交流；创新精神提倡胆大、不怕犯错误，并不是鼓励犯错误，而是要充分认识到出现错误认知是科学探究过程中不可避免的；创新精神提倡不迷信书本、权威，并不是反对学习前人经验，而是要在前人成就的基础上进行创新；创新精神提倡大胆质疑，并不是虚无主义地怀疑一切，而是要有事实和思考根据地质疑……总之，要用全面、辩证的观点看待创新精神。

从人类历史发展角度来看，只有具有创新精神，我们才能在未来的发展中不断开辟新的天地。

第一个问题就谈到这里，再看第二问，以当代大学生为对象，培养"创新精神"的主要途径。换言之，就是如何培养"创新精神"。我认为，当代大学生是最有创新精神的群体之一，但是就如何培养而言，我有六个方面的建议。

第一，对所学习或研究的事物要有好奇心。牛顿少年时期就有很强的好奇心，他常常在夜晚仰望天上的星星和月亮。星星和月亮为什么挂在天上？又为什么不相撞呢？这些疑问激发着他的探索欲望。后来，他经过专心研究，终于发现了万有引力定律。能提出问题，说明在思考问题。在学习过程中，自己如果提不出问题，那才是最大的问题。好奇心是包含着强烈的求知欲和追根究底的探索精神，谁想在茫茫学海获取成功，就必须有强烈的好奇心。正像爱因斯坦说的那样："我没有特别的天赋，只有强烈的好奇心。"

第二，对所学习或研究的事物要有怀疑态度。怀疑是发自内在的创造潜能，它激发人们去钻研，去探索。对课本我们不要总认为是专家、教授们写的，不可能有误。我们要知道，老师也不是万能的，任何老师所传授的专业知识不能说全部都是绝对准确的。对待我们所学习或研究的事物我们应做到：不要迷信任何权威，应大胆地怀疑。这是我们创新的出发点。

第三，对学习、研究的事物要有追求创新的欲望。如果没有强烈的追求创新欲望，那么无论怎样谦虚和好学，只能在前人划定的圈子里周旋。要创新，我们就要坚持不懈地努力，勇敢面对困难，要有克服困难的决心，不要畏惧失败。著名学者周海中教授在探究梅森素数分布时就遇到不少困难，由于追求创新的欲望和坚持不懈的努力，他终于找到了这一难题的突破口，提出了梅森素数分布的精确表达式。这项重要成果被国际上命名为"周氏猜测"。

第四，对学习研究的事物要有求异的观念，不要"人云亦云"。创新不是简单的模仿。要有创新精神和创新成果，必须要有求异的观念。求异实质上就是换个角度思考，从多个角度思考，并将结果进行比较。求异者往往要比常人看问题更深刻、更全面。

第五，对所学习或研究的事物要有冒险精神。创造实质上是一种冒险，因为否定人们习惯了的旧思想可能会招致公众的反对。冒险不是那些危及生命和肢体安全的冒险，而是一种合理性冒险。大多数人都不会成为伟人，但我们至少要最大限度地挖掘自己的创造潜能。

第六，对学习研究的事物要做到永不自满。一个有很多创造性思维的人如果就此停止，害怕去想另一种可能比这种思想更好的思想，或已习惯了一种成功的思想而不能产生新思想，结果这个人变得自满，停止了创造。

小爱：我们都说当今是一个"大众创业，万众创新"的时代，学习了创新，我对创业也有一定的兴趣，请问安老师，可不可以科普一下"创业"与"大学生创业"？

安老师：好的。首先来看"大众创业，万众创新"的时代背景。2015年6月4日，国务院常务会议审议通过了《关于大力推进大众创业万众创新若干政策措施的意见》（以下简称《意见》）。《意见》指出："推进大众创业、万众创新，是发展动力之源，也是富民之道、公平之计、强国之策，对于推动经济结构调整、打造发展新引擎、增强发展新动力、走创新驱动发展道路具有重要意义"。

大学生是"大众创业，万众创新"的重要社会力量。《国务院办公厅关于深化高等学校创新创业教育改革的实施意见》（国办发〔2015〕36号）指出，"深化高等学校创新创业教育改革，是国家实施创新驱动发展战略、促进经济提质增效升级的迫切需要，是推进高等教育综合改革、促进高校毕业生更高质量创业就业的重要举措。"

明确了"大众创业，万众创新"的政策背景和时代意义之后，我们再来重新熟悉一下"创业"的本质内涵吧。

杰夫里·提蒙斯所著的创业教育领域的经典教科书《创业创造》中创业的定义：创业是一种思考、推理结合运气的行为方式，它为运气带来的机会所驱动，需要在方法上全盘考虑并拥有和谐的领导能力。创业是创业者对自己拥有的资源或通过努力对能够拥有的资源进行优化整合，从而创造出更大经济或社会价值的过程。创业是一种劳动方式，是一种需要创业者运营、组织、运用服务、技术、器物作业的思考、推理和判断的行为。

简单来说，创业就是发现商机并加以实际行动转化为具体的社会形态，获得利益，实现价值。大学生创业是一种以在校大学生和毕业大学生的特殊群体为创业主体的创业过程。随着近期我国不断走向转型化进程以及社会就业压力的不断加剧，创业逐渐成为在校大学生和毕业大学生的一种职业选择方式。

大学生作为我国的年轻高级知识人群，有着较为丰富的知识储备和相较于其他高级知识分子所欠缺的创造力，是符合"十三五"规划的创业主要人群。但因为大学生这个群体社会实践经验与能力欠缺，与创业的成功要素矛盾，导致大部分大学生创业在初期就自行夭折，使大学生创业成了国家、社会共同关注的话题。在"十三五"规划中，也针对这个现象有着相应的论述，给大学生创业带来了众多的机遇与挑战，大学生创业也将在这些机遇和挑战中走向新的高度。

小志：改革开放以来，出现了很多敢于创新、勇于创业的民营企业家，比如"玻璃大王"曹德旺，安老师能不能介绍一下企业家的创业故事呢？

安老师：这个问题非常好。改革开放以来，我国民营企业借着改革春风迅速发展，为国家经济建设做出了重要贡献。这其中也涌现出很多"改革先锋"，比如：吉利集团李书福、阿里巴巴集团马云、腾讯集团马化腾，等等。下面我重点跟大家分享一下福耀玻璃集团创始人、董事长曹德旺先生的创业故事。

曹德旺，1946年5月出生，福建省福州福清市人。9岁才上学，14岁就被迫辍学的曹德旺，在街头卖过烟丝、贩过水果、拉过板车、修过自行车，经年累月一日两餐食不果腹，在歧视者的白眼下艰难谋生，尝遍了常人难以想象的艰辛。那是精神和肉体蒙受的双重苦难，但他并未逆来顺受，而是不断地与命运抗争。

1976年，曹德旺在福州福清市高山镇异形玻璃厂当采购员，他的工作是为这家乡镇企业推销水表玻璃。1983年，曹德旺承包了这家年年亏损的乡镇小厂。1985年，曹德旺将主业迅速转向汽车玻璃，彻底改变了中国汽车玻璃市场100%依赖进口的历史。1987年，曹德旺成立福耀玻璃有限公司。1993年，福耀玻璃登陆国内A股，是中国第一家引入独立董事的公司，是中国股市唯一一家现金分红是募集资金18倍的上市公司。2001年至2005年，曹德旺带领福耀团队艰苦奋战，历时数年，花费一亿多元，相继打赢了加拿大、美国两个反倾销案，震惊世界。福耀玻璃也成为中国第一家状告美国商务部并赢得胜利的中国企业。2006年，美国商务部部长访问中国时，点名约见曹德旺。福耀公司生产的汽车玻璃在占中国汽车玻璃70%市场份额的同时，还成功挺进国际汽车玻璃配套市场，在竞争激烈的国际市场占据了一席之地。福耀公司成为宾利、奔驰、宝马、路虎、奥迪等豪华品牌重要的全球配套供应商，同步研发设计，是世界第二大汽车玻璃厂商，在美国、德国、俄罗斯设有工厂。多年来，福耀坚持每年投入巨额研发费用。今天，福耀玻璃的部分高新技术产品代表当今世界上最高的制造水平，并拥有独立的知识产权。

从商30年，曹德旺的成就足以令中国所有企业家侧目。他早年因为生活困窘，初一没读完就开始讨生活，读书情结只好在讨生活之余继续保持：四五十年中，他无论多忙，每天必抽两个小时读书看报。他的成功也是他将社会的"无字书"和纸上的"有字书"紧密结合的产物。在老板当中，他出口成章，学识过人，具有商人的敏锐眼光和灵活头脑，同时具有知识分子的那一份傲气，甚至有时因个性倔强而显得不太合群。

曹德旺的身上，其实至今仍保留着一股商界人士罕见的率真之气。本色的个性，容易令人遵循内心真实的考虑，洞悉问题的真正根源，一切从实际出发，这也让曹德旺练就了讲求实际的习惯，很多复杂的问题因而变得简单。

小爱：我现在对创新和创业的概念有一些基本的认识了，对"创新"与"创业"两者之间的内在关系还是有一点模糊，安老师能不能给我们讲讲？

安老师：没问题。创新与创业的关系确实非常紧密。可以说，创新孕育着创业，创业充满着创新。创新和创业是相辅相成、无法割裂的关系。创新是创业的手段和基础，而创业是创新的载体。创业者只有通过创新，才能使所开拓的事业生存、发展并保持持久的生命力。其内在逻辑关系主要有以下三点：

第一，创新是创业的基础，没有创新，创业就会像无源之水、无本之木，没有生机活力，创新的成效也只有通过创业实践来检验。

第二，创业是创新的载体和表现形式，创新研发实力是创业的根本支撑。

第三，创新推动创业，创业背靠创新，二者相互促进又相互制约，是密不可分的辩证统一体。

作为大学生，创业更需要有创新意识、创新思维、创新技能、创新品质，才能在严酷的市场环境下开辟创业之路。可以说，创新是创业者实现创业的核心。但是，仅仅具备创新精神是远远不够的，创新只是为创业成功提供了可能性和必要准备，如果脱离了创业实践，缺乏一定的创业能力，创新精神也就成了无源之水、无本之木。创新精神所具有的意义，只有作用于创业实践活动才能有所体现，才有可能最终实现创业的成功。

第二节　点燃青春，创造未来

【案例39】1988年，蒯龙出生于安徽省长丰县一个普通村庄。他的童年和多数农村孩子一样，小小年纪就帮父母做饭、放牛、干农活。2007年高考，凭着兴趣和优势，蒯龙报考了安徽师范大学并如愿成了化学与材料科学学院的一名新生。

他的人生转折从他与一本书的邂逅开始。2009年夏天，蒯龙在图书馆里发现了中国科学院合肥固体物理研究所张立德先生的一本科普读物——《奇妙的纳米世界》。书里奇特的现象和反常的规律犹如有神力一般将他带入另一个诱人的物质世界。"从此我和纳米世界结下了不解之缘，我的人生轨迹也从这里开始悄悄地发生了重大改变。一连3个小时，我忘记了晚饭，一口气读完了这本书！"

凭借对纳米世界的浓厚兴趣，借着学院开展本科生创新实验课题的机会，大三的他有幸加入耿保友教授课题组。通过持之以恒的不懈努力，蒯龙在本科期间以第一作者发表SCI学术论文3篇，总影响因子达15.54；合作发表学术论文多篇；申请中国发明专利2项。他在各级各类竞赛中也斩获颇丰，获第十二届"挑战杯"全国大学生课外学术科技作品竞赛一等奖，第四届安徽省"挑战杯"大学生课外学术科技作品竞赛特等奖，第七届"中国青少年科技创新奖"。蒯龙同学将"为中华之崛起而读书"的伟大历史使命感和责任感铭刻心中，不畏艰难，勇攀科研高峰。

面对这一切，他曾笑言，"'剩'者为王，坚持与创新永远都是我的左膀右臂。继续保持'朝闻道，夕死可矣'的科研品质，为纳米科学技术这座大厦添砖加瓦。"

图7-2　实验室里的蒯龙

安老师：理科薄弱，却毅然走上纳米科研之路；英语底子差，就天天枕着词典入眠；论文被拒，仍不断修改、投稿。勤奋开花，智慧结果。实验室里大小器皿共同盛载的，是挑战的勇气与坚守的责任。在科研探索的道路上，蒯龙经历风雨，走过坎坷，不仅学术水平愈发精湛，而且心理也逐渐成熟起来，学会了担当，把创新当成了自己的追求，把科研当作了自己的责任。

小志：创新精神需要学习和发扬，创业意识需要激发和培养，安老师能不能介绍一下，作为一名当代大学生，我们该如何来认识现代大学生接受创新创业教育的深远意义呢？

安老师：小志的问题越来越深入，也越来越接近我们大学生实际了，真的非常好。那下面我就着重介绍一下，作为当代大学生，我们进行创新创业教育和训练的现实意义和基本途径。

主要从"三个需要"角度来理解现实意义。

开展创新创业教育是推动经济建设和社会发展，实现中华民族伟大复兴的需要。要实现党的十八大提出的"两个百年"宏伟目标，需要培养大批具有创新精神、创造能力的职业人才，他们将是我国现代化建设的重要力量。广大青年要有敢为人先的锐气，勇于解放思想、与时俱进，敢于上下求索、开拓进取，树立在继承前人的基础上超越前人的雄心壮志，以青春之我，创建青春之家、青春之民族。要有逢山开路、遇河架桥的意志，为了创新创造而百折不挠。

开展创新创业教育是深化教育改革，推进"大学生创业引领计划"，实施素质教育的需要。大力推进创新创业教育，培养一大批具有社会责任感、创业能力和创造精神，善于将创新成果转化为现实生产力的高素质人才，为建设创新型国家提供有力的人才和智力支持，促进经济发展向主要依靠科技进步、劳动者素质提高、管理创新转变，是新时期高等学校的战略任务。引领大学生创业，高校的育人理念首先要与时俱进。大学不应是封闭的象牙塔，人才培养也不应脱离学生未来发展。高校应多渠道增强学生"创业"观念：在课程设置上强化"创业"意识，在各项活动里突出"创业"氛围，在各种赛事中凸显"创业"指向，让那些想创业、能创业的学生提前感受到创业氛围、熟悉创业路径、了解创业难点、规划创业方向，这将对他们离开校园后的创业之路大有益处。

开展创新创业教育要坚持"以人为本"，增强就业竞争力，拓展就业机会，促进大学生个性化发展的需要。从某种意义上讲，成人比成才更重要。成人的主要标志是：做人要有高尚的精神境界和健康的人格。成才的主要标志是：有科学的思维形式、严谨的科学态度，对事业的执着追求及在某一方面有所建树。这两者都需要创新创业才能达到相应的高度。因此说，创新创业教育是素质教育的最高形式，创新创业能力是个人素质的核心体现。在就业形势严峻的情况下，对大学生进行创新创业教育，引导、鼓励大学生改变传统的就业观念，树立全新的择业理念，增强就业竞争力，拓展就业机会。

小爱：请安老师跟我们说说目前进行创新创业教育或训练的主要途径有哪些？

安老师：好的。立足校园，我们接受教育或训练的机会也不少。下面我们就结合校园实际情况来说说主要途径吧。

（1）创新创业教育课程（必修课和选修课）。大学生创新创业教育理念要转化为教育实践，需要依托有效的课程载体。课程体系是实现创新创业教育的关键。创新创业教育课程体系主要由以下三个层次构成：第一层次，面向全体学生，旨在培养学生创新创业意识、激发学生创新创业动力的普及课程；第二层次，面向有较强创新、创业意愿和潜质的学生，旨在提高其基本知识、技巧、技能的专门的系列专业课程；第三层次，旨在培养学生创新创业实际运用能力的各类实践活动课程，以项目、活动为引导，教学与实践相结合，有针对性地加强对学生创业过程的指导。

高校创新创业教育的内容体系和课程互为支撑，两者共同作用，以培养具有创业基本素质和开创型个性的人才为目标，培育在校学生的创业意识、创新精神、创新创业能力，进行创新思维培养和创业能力锻炼。

（2）大学生创新创业训练计划。大学生创新创业训练计划项目内容包括创新训练项目、创业训练项目和创业实践项目三类，一般有国家级、省级和校级三个层次。具体来说，创新训练项目是本科生个人或团队，在导师指导下自主完成创新性研究项目设计、研究条件准备和项目实施、研究报告撰写、成果（学术）交流等工作。创业训练项目是本科生团队在导师指导下，团队中每个学生在项目实施过程中扮演一个或多个具体的角色，开展编制商业计划书、开展可行性研究、模拟企业运行、参加企业实践、撰写创业报告等工作。创业实践项目是学生团队在学校导师和企业导师共同指导下，采用前期创新训练项目或创新性实验的成果，提出一项具有市场前景的创新性产品或者服务，以此为基础开展创业实践活动。

通过实施大学生创新创业训练计划，改革创新型人才培养模式，强化创新创业能力训练，不仅增强了高校学生的创新能力和在创新基础上的创业能力，而且能培养适应创新型国家建设需要的高水平创新人才。

（3）各级各类创业实训模拟培训。为做好高校大学生创业教育工作，增强大学生创业意识，提高大学生创业能力，各地会定期举办大学生创业模拟实训培训班。培训对象主要为有创新创业兴趣的在校本科生或研究生，有创业意愿或曾参加各类创业比赛者优先培训。培训内容主要包含：创业前期准备涉及创业环境、创业者素质与能力和与创业相关的法律法规等；创业必备能力涉及市场机会评估、创业目标规划和创业团队组建等；创立企业过程涉及企业组织形式、起名、选址、资金筹集、创业计划书和企业设立流程等；经营企业涉及运用创业相关知识进行初创企业经营与管理。

（4）各级各类创新创业竞赛计划。通过积极参与创新创业大赛，进一步引导和激励高校学生弘扬时代精神，把握时代脉搏，将所学知识与经济社会发展紧密结合，培养和提高创新、创意、创造、创业的意识和能力，促进高校学生创新创业教育和实践活动的蓬勃开展，发现和培养一批具有创新思维和创业潜力的优秀人才，帮助更多高校学生通过创新创业的实际行动，深入推动"大众创业，万众创新"的时代主题。

目前，大学生创业大赛的平台很多，主要包括："创青春"全国大学生创业大赛、"挑战杯"全国大学生课外学术科技作品竞赛、中国"互联网+"大学生创新创业大赛、中国创新创业大赛、iCAN国际创新创业大赛、全国大学生机器人大赛，等等。每一项比赛又分不同级别和很多类主体赛事。

小志：原来接受创新创业教育或训练的途径这么多呀！我们都知道，大学生创业确实是受到国家鼓励的，安老师能不能分析一下现在大学生创业的总体情况？

安老师：小志，了解当今大学生创新创业的现状确实是非常有必要的，这不仅有助于我们全面判断大学生创新创业的整体趋势，而且有助于我们审时度势，更加精准地指导自己理性创业。

下面我们先来看看大学生创新创业现状的调查。一项研究曾对6所高校2013~2017届有创业经历的毕业生进行了问卷调查，被调查的毕业生包括工学类、农学类、法学类、医学类、文学类，共1365人。结果显示，76.9%的毕业生认为新常态下创业空间较大，但门槛越来越高，难度加大，更需要市场大环境支持；75.2%的毕业生认为创新创业成功率低；75.2%的毕业生认为创新创业的动机是实现个人理想；因为就业不理想而考虑走创新创业之路的毕业生占20.6%；约半数的毕业生没有受过创新创业培训；只有16.8%的毕业生曾参与过科研创新活动；92.4%的毕业生认为需要专业化的指导和服务；78.9%的毕业生希望学校开设有关创新创业的课程；93.6%的毕业生希望得到更多的社会实践机会和创新创业导师的跟踪指导；70%的毕业生的创业资金来源于家庭和亲友以及同学集资，向银行贷款、接受风险投资的不到一成；89.6%的毕业生希望得到科技创业基金的支持。

大多数毕业生选择在感兴趣和与所学专业相关的领域创新创业，其中创新创业的领域与自己所学专业相关的占68.8%，所学专业与互联网结合的占15.3%。毕业生对创新创业的信息服务要求迫切，分别有89.3%、45.7%、92%、58.9%的毕业生希望获得政策信息、金融信息、市场信息和人才信息。对于创新创业过程中的最大障碍，分别有89.2%、78.2%、78.5%的毕业生选择了经验不足、对市场环境不熟悉和政策支持力度不够。对于近期发展规划，分别有3.4%、26.5%、20.6%和31.6%的毕业生选择打算扩大现有业务、减小规模以便应对经济下行、转型升级、保持观望。

由此可见，在新常态下，当前大学生对未来的创新创业发展较为迷茫，大学生创新创业存在的问题集中表现在对社会经济形势难以把握，创新创业信心和动力不足，缺少技术、资金和平台，需要全社会给予多方面的支持。

小爱：调查显示，大学生创业具有一定程度的难度和风险，能否请安老师帮我们分析分析，应该如何理性看待大学生创业？

安老师：因为大学生成长经历有限，资金、管理、资源、经验这四方面都有所欠缺，所以需要通过不断学习和锻炼来提升。目前来看，大学生创业有这些劣势：

第一，没有足够多的创业资金。如果创业靠家人提供资金，或者向别人借钱，都不能保证资金的持续性。

第二，管理经验和能力不足。团队没有管理好，后面就会出现各种问题，现在个人主义已经过去了，团队协作才能撑起一片天。

第三，社会资源相对匮乏。大学生本身阅历就比较少，所以要扩大自己的圈子，增加自己的社会资源。

近年来，在政府、高校和社会等各方的重视之下，高校纷纷开设创业课程，政府举办创业大赛，以及出台了许多扶持大学毕业生的好政策，创业环境不断优化，直接推动了大学毕业生创业率的提高。不过也有统计数据显示，我国大学毕业生创业成功率只有3%，远低于全世界大学毕业生10%的平均创业成功率。而且，大学毕业生创业3年"存活率"存在下滑趋势。中国社科院发布的《2017年中国大学生就业报告》数据显示，毕业半年后自主创业的2013届本科毕业生中，有46.2%的人3年后还在继续自主创业，下滑2.4个百分点。

从目前大学毕业生创业情况来看，大部分大学毕业生创业资金来自父母、家庭，他们是拿着父母的钱在创业。大学毕业生创业即便失败了，也为以后的创业打下了一个基础，并非毫无用处，但毕竟给家庭带来了不小的压力和负担，并不是所有的家庭都承担得起大学毕业生创业失败的打击。

在对待大学毕业生创业这个问题上，不能盲目地靠政策去激励大学毕业生选择创业，关键是要强化他们在校期间的创业意识、创新意识和创造力，要让他们知道创业过程中可能遭遇到的各种辛酸、失败，真正为他们走上社会之后的创业行动打下基础。大学毕业生创业，其实不必急于一时，在大学期间或者大学刚毕业不一定就要选择创业，完全可以工作几年之后，有一定的经济基础和社会阅历之后再创业，这会更能提高创业成功率，降低创业失败的风险。

针对大学生创业群体而言，这里有几点重要的建议：

第一，任何创业都是有风险的。大学生创业也要有清晰的认识，创业成功与失败的风险是并存的，没有人敢说100%会成功。

第二，大学生创业，项目的选择很关键。对自己的产品或者服务定位清晰，对市场也要有准确的定位，找到未来发展的大方向。

第三，创业团队。无论是管理者还是成员一定要善于沟通。产生分歧的时候，求大同存小异。在大的事情上讲原则，小的事情上讲风格，善于采纳别人好的建议，进而更好地做好项目。

第四，大学生创业者的抗压能力一定要好。有人说"创业苦三年"，不一定是苦三年，反正前期是比较辛苦的，因为你可能会面对很多未知的困难，待你的项目和团队步入正轨后，就是"柳暗花明又一村"了。即使项目失败，也可以当成锻炼，总结心得，重新找到目标和方向。

小志：大学生创业者是不是要具备一些基本素质或条件呢？我还想问问老师，如果大学生有创业的激情和想法，还需要做哪些创业前的准备呢？

安老师：好的，我们先说大学生创业者必备的基本素质。

创业是极具挑战性的社会活动，是对创业者自身智慧、能力、气魄、胆识的全方位考验。一个人要想获得创业的成功，必须具备基本的创业素质。创业素质主要包括创业意识、创业心理品质、创业精神、竞争意识、创业能力。

（1）强烈的创业意识。要想取得创业的成功，创业者必须具备自我实现、追求成功的强烈的创业意识。强烈的创业意识可以帮助创业者克服创业道路上的各种艰难险阻，将创业目标作为自己的人生奋斗目标。创业的成功是思想上长期准备的结果，事业的成功总是属于有思想准备的人，也属于有创业意识的人。

（2）良好的创业心理品质。创业之路是充满艰险与曲折的，自主创业就等于是一个人去面对变化莫测的激烈竞争以及随时出现的需要迅速正确解决的问题和矛盾，这需要创业者具有非常强的心理调控能力，能够持续保持一种积极、沉稳的心态，即有良好的创业心理品质。宋代大文豪苏轼说："古之成大事者，不唯有超世之才，亦必有坚韧不拔之志。"只有具有处变不惊的良好心理素质和愈挫愈强的顽强意志，才能在创业的道路上自强不息、顽强拼搏，才能从小到大，从无到有，闯出属于自己的一番事业。

（3）自信、自强、自主、自立的创业精神。自信心能赋予人主动积极的人生态度和进取精神。要成为一名成功的创业者，必须拥有使命感和责任感，信念坚定，顽强拼搏，直到成功。信念是生命的力量，是创立事业之本，信念是创业的原动力。自强就是在自信的基础上，不贪图眼前的利益，不依恋平淡的生活，敢于实践，不断增长自己各方面的能力与才干，勇于使自己成为生活与事业的强者。自主就是具有独立的人格，具有独立的思维能力，不受传统和世俗偏见的束缚，不受舆论和环境的影响，能自己选择自己的道路，善于设计和规划自己的未来，并采取相应的行动。自立就是凭自己的头脑和双手，凭借自己的智慧和才能，凭借自己的努力和奋斗，建立起自己生活和事业的基础。

（4）竞争意识。随着我国社会主义市场经济从低级向高级发展，竞争愈来愈激烈。从小规模的分散竞争发展到大集团集中竞争，从国内竞争发展到国际竞争，从单纯产品竞争发展到综合实力的竞争。因此，创业者如果缺乏竞争意识，实际上就等于放弃了自己的生存权利。创业者只有敢于竞争，善于竞争，才能取得成功。

（5）全面的创业能力素质。创业能力是一种特殊的能力，这种特殊能力往往影响创业活动的效率和创业的成功。创业能力一般包括决策能力、经营管理能力、专业技术能力与交往协调能力等。

下面，我们再谈谈大学生创业者应具备的基本条件。

大家都知道，自主创业是一件很刺激的事，属于"三高"行业：挑战性高、技术含量高、淘汰率高。创业本身的过程是对创业者自身能力智慧、胆识、气魄的一种全方位的考验，对创业者的个人素质和能力有特定的要求。

合格的大学生创业者应初步具备以下条件：第一，具有坚毅、自治、勇敢、果断等品质。具有风险意识，有充沛的精力和健康的体魄，具备百折不挠的意志品质和面临失败时的自我激励能力，具有达到目标的自信心、勇气和执着力，能解决创业时来自内部和外部的大量未知风险带来的各种突发问题。第二，要正直，守信，有责任感。大学生创业者对团队成员、投资者都必须有责任感，具有务实精神，能够踏实做事，待人诚恳。第三，具有敏锐的商业意识。按照市场经济的运行规律办事，遵循公平交易原则，遵纪守法、诚实可靠，同时具有科学的经济头脑，要思路清晰，能够分析判断经济运行趋势，能够寻找、捕捉和创造商机。第四，具有自我实现欲望和创新精神。创业者的动力并非源于对金钱的贪婪，而是出于自我实现和成功的强烈欲望以及强烈的创新意识。第五，具有团队意识。创业不是一个人在战斗，要学会凝聚起整个团队的力量。一个能让创业者思想、能力、认识水平不断提高和善于学习借鉴的团队，是创业成功的关键所在。

美国的心理测验专家约翰·勃劳恩说："创业的技巧虽然是学来的，但是具有某些素质的人占了先天的优势。"并不是所有的人都具有创业的素质，心理社会学家认为以下十类人不具备创业的素质：缺少职业意识的人，优越感过强的人，唯上是从、只会说"是"的人，偷懒的人，片面和骄傲的人，僵化和死板的人，感情用事的人，"多嘴多舌"与"固执己见"的人，胆小怕事、无主见的人，患得患失又容易自满的人。

现在，很多大学毕业生由于就业形势严峻开始考虑自主创业，有专家对此表示，大学生最好还是先在大公司锻炼几年，在雄心壮志和美好蓝图背后，还需要起飞前的充分酝酿和准备，选择最佳的时机创业。有创业人士认为，自主创业者在创业之前至少要做好五方面的准备。

第一，心理准备。商场如战场，有赚就有赔，既要有吃苦的思想准备，又要有承担失败的心理准备。

第二，行业准备。天下有三百六十行，自主创业的范畴很广，可选择的项目较多。但首先一点是要选择自己了解的行业或与自己兴趣、爱好有关的行业，这样做起来会得心应手。

第三，资金准备。无论是从事什么行业，都需要一定的启动资金，用于购买所需的用品。如果资金不足，需要等积累了一定的资金后再做，没有资金是干不成事的。

第四，要具备一定的经营管理知识。所谓术业有专攻，创业者必须具备一定的经营之道，比如如何进货、如何打开销路、消费者定位等方面的知识。

第五，要有人际关系方面的准备。自主创业涉及许多方面的问题，如工商、税务、质检、银行这些部门都与经营者有关，要善于同他们打交道。同时，进货、销货、拓展市场、广告宣传等，都要与人打交道，建立良好的人际关系。从一定程度上来说，创业者必须是一个多面手。这些自身条件的积累对于创业者选择合适的创业时机非常重要。

第三节 问政问策，乘势而为

【案例40】作为一个出生在山东济宁偏僻农村贫苦家庭中的孩子，木谷读书的学费是靠从亲戚朋友那儿借以及助学贷款。大学时期，木谷为了生活费几乎每天出去打零工，曾经大冬天在工地晚上就睡在只有一层破油布的工棚里，手脚被冻得全是冻疮。为了多赚点钱，木谷曾经做过很多产品的推销员，往返于各地居民楼，推销产品给客户，赚取微薄的生活费。虽然每天起早贪黑，兢兢业业，但仍然入不敷出，勉强度日……

2015年一个偶然的机会，木谷在替一家装修公司做推销的时候，偶然发现了一个问题：很多客户找装修公司时都特意询问装修材料是否环保，装修完甲醛是否会超标，甚至很多人装修完以后必须得通风五六个月才会入住！

木谷当时想，如果自己能帮这些刚装修完的客户进行装修污染气体的检测治理，清除装修后的甲醛、苯等污染气体，让客户可以快速、安全地入住，那该多好！木谷当时激动不已，立即去搜集相关资料，研究市场前景及未来发展空间！

一开始，没有工人，木谷就自己和同学一起去。每次要给客户家除甲醛了，木谷就找2个同学做兼职去施工。于是，木谷从零开始慢慢积累，穿上疯狂的"防弹衣"，端起了玩命的"冲锋枪"，开始了充满灵感、激情与创意的大冒险……

他，刚刚28岁，初次创业一年做到50万纯利润，两年在全国拥有220家加盟商，服务1万多家庭、学校、企事业单位，成就了30家年收入过50万的加盟商，他是木谷，Uncle Ma（昂可马）品牌创始人。

安老师：从一无所有，到实现50万纯利润。一个人想要成功，绝对要吃得了苦，不管是身体上的疲惫，还是精神上的打击，听起来很简单，只是能坚持下来的没有几个，那些能在一次次失败当中坚持下来的人才能取得成功。

小志：我一直都有一个创业的梦想，现在想了解一下创办企业（公司）的手续，请安老师跟我们讲讲吧。

安老师：大学生创业手续一般包含两个方面，分别是营业执照办理和税务登记证办理。下面逐条分类阐述。

（1）营业执照办理的程序。

第一步：到市工商局领取登记表格或网上下载表格。

第二步：向登记机关申请公司名称预先审核登记。

第三步：按照核准的公司名称填写表格并提交验资报告、公司章程及场地证明，向登记机关递交申请。

材料齐全，符合法定程序的，登记机关在3～5个工作日内核发营业执照。

（2）税务登记证办理程序。

第一步：纳税人到主管税务机关办税服务大厅窗口领取并如实填写开业登记相关表格。

第二步：纳税人持填写齐全的"税务登记表"和其他相关资料到主管税务机关办税服务大厅窗口交税务人员审核。审核合格后，核发税务登记证。

小爱：很多大学生创业孵化项目都享受到了很好的政策优惠，可以说，国家创业扶持政策对于创业者能否成功创业尤为关键，安老师能否给我们重点介绍一些最新的支持政策呀？

安老师：好的。在党中央、国务院的高度重视和大力支持下，近年来我国创新创业生态体系不断优化，创新创业观念与时俱进，出现了大众创业、草根创业的"众创"现象，创新创业愈加活跃，规模不断增大，效率显著提高。下面，我来重点跟大家介绍国务院出台的五条创业扶持政策，并尝试简单解读。

政策一：鼓励地方设立创业基金，对众创空间等的办公用房、网络等给予优惠。对小微企业、孵化机构和投向创新活动的天使投资等给予税收支持。将科技企业转增股本、股权奖励分期缴纳个人所得税试点推至全国。

解读：这将给小微企业带来"真金白银"般的实惠。由于小微企业往往创业资本少、风险承受能力低，税费方面的优惠将给"大众创业、万众创新"

带来动力。近日，财政部联合工信部、科技部、商务部、工商总局等部门宣布，将合力打造小微企业创业创新基地示范城市，从过去补助项目转向补助城市，聚集五部门政策和资金为"双创"加油助力。

政策二：创新投贷联动、股权众筹等融资方式，推动特殊股权结构类创业企业在境内上市，鼓励发展相互保险。发挥国家创投引导资金的种子基金作用，支持国有资本、外资等开展创投业务。

解读：这是以创新的模式支持创新。比如股权众筹、种子基金等都是随着形势发展需要提出的新概念、新方式，体现了与时俱进。鼓励国有资本和外资开展创投业务，可以扩大资金来源和融资范围。

政策三：取消妨碍人才自由流动的户籍、学历等限制，营造创业创新便利条件。为新技术、新业态、新模式成长留出空间，不得随意设卡。

解读：这是一举两得之策。取消对人才发展的限制既能解决人才就业问题，又让小微企业的人力资源得到充分补充。

政策四：盘活闲置厂房、物流设施等，为创业者提供低成本办公场所。发展创业孵化和营销、财务等第三方服务。

解读：这为创业创新提供了便利条件。在当前经济下行压力较大的情况下，有助于进一步解决小微企业"创业难"问题。

政策五：用简政放权、放管结合、优化服务更好发挥政府作用，以激发市场活力、推动"双创"。加强知识产权保护，通过打造信息、技术等共享平台和政府采购等方式，为创业创新加油添力。

解读：国务院在推进简政放权放管结合职能转变工作电视电话会议中提出，着力破除审批"当关"、公章"旅行"、公文"长征"等现象。再砍掉一批行政审批和核准项目、一批审批中介事项等。

图7-3　芜湖大学科技园

小志：创新型人才对于实现国家创新发展而言意义重大。作为当代大学生，我要努力学习，立志做一名创新型人才，为创新型国家建设做出应有的贡献。安老师能否帮我们分析一下，当代大学生如何成长为创新型人才呢？

安老师：党的十八届五中全会提出："坚持创新发展，必须把创新摆在国家发展全局的核心位置，不断推进理论创新、制度创新、科技创新、文化创新等各方面创新，让创新贯穿党和国家一切工作，让创新在全社会蔚然成风。"创新的事业必须由创新的人才来干，人才是创新的核心要素。习近平同志指出："人是科技创新最关键的因素。创新的事业呼唤创新的人才……我国要在科技创新方面走在世界前列，必须在创新实践中发现人才、在创新活动中培育人才、在创新事业中凝聚人才，必须大力培养造就规模宏大、结构合理、素质优良的创新型科技人才。"

中共中央政治局常委、国务院总理李克强同志对首届中国"互联网+"大学生创新创业大赛总决赛作批示时指出："大学生是实施创新驱动发展战略和推进大众创业、万众创新的生力军，既要认真扎实学习、掌握更多知识，也要投身创新创业、提高实践能力……把创新创业教育融入人才培养，切实增强学生的创业意识、创新精神和创造能力，厚植大众创业、万众创新土壤，为建设创新型国家提供源源不断的人才智力支撑。"

谈到创新人才教育的关键，李培根在"中国经济大讲堂"演讲时谈到创新教育，主要从这四个方面提出了自己的思考：首先是培养学生的"超越"意识。培养学生的超越意识，是培养学生超越现实的需求。现在大学生搞创新创业活动，基本上就是功利需求。在中国的大学生中，真正意识到这种超越现实需求意识的人太少了。其次是给学生充分的自由。创新跟自由是紧密联系在一起的。大学生在创新活动过程中，一定要非常重视过程自由、氛围自由。没有这种自由，思想不可能活跃，只有思想活跃，创新才容易迸发。只有这种自由的氛围，学生才不会盲从权威。再次是用善意关注社会问题。创新的内心世界，是需要情怀的，这个情怀首先是善，善是非常重要的。最后要具有批判性精神。在创新教育中，我们还需要一个很关键的东西，那就是批判性思维。

小爱：国家鼓励大学生积极投身创业，以创业推动就业，希望安老师能介绍一下高校毕业生自主创业可以享受哪些创业服务，高校毕业生该怎样提升自主创业的能力。

安老师：为支持大学生创业，国家和各级政府出台了许多优惠政策，涉及融资、开业、税收、创业培训、创业指导等诸多方面。其中，高校毕业生自主创业享受以下两种服务：

一是享受培训补贴：对高校毕业生在毕业年度内参加创业培训的，根据其获得创业培训合格证书或就业、创业情况，按规定给予培训补贴。

二是免费创业服务：有创业意愿的高校毕业生，可免费获得公共就业和人才服务机构提供的创业指导服务，包括政策咨询、信息服务、项目开发、风险评估、开业指导、融资服务、跟踪扶持等"一条龙"创业服务。各地在充分发挥各类创业孵化基地作用的基础上，因地制宜建设一批大学生创业孵化基地，并给予相关政策扶持。对基地内大学生创业企业要提供培训和指导服务，落实扶持政策，努力提高创业成功率，延长企业存活期。

下面，我再来说说高校毕业生该如何提升自主创业的能力。有意愿自主创业的大学生，可以参加创业培训和实践，接受普遍的创业教育，系统学习创办企业的知识、完善创业计划、提高企业盈利能力、降低风险、促进创业成功。

目前，许多高校已经开设了创业培训方面的课程和创业实践活动，在校大学生可以选择参加；另外，各地人力资源社会保障部门也开办了创业培训班，离校未就业的高校毕业生可向当地人力资源社会保障部门申请，参加有补贴的培训，以提高创业能力。

小志：好的，明白了。请问现在高校毕业生自主创业可以享受的税收方面的优惠政策有哪些？

安老师：按照《国务院关于进一步做好普通高等学校毕业生就业工作的通知》《国务院办公厅转发人力资源社会保障部等部门关于促进以创业带动就业工作指导意见的通知》等文件规定，高校毕业生自主创业的税收优惠是：持《就业失业登记证》（注明"自主创业税收政策"，或附《高校毕业生自主创业证》）的高校毕业生在毕业年度内（指毕业所在自然年，即1月1日至12月31日）从事个体经营的，3年内按每户每年8000元为限额依次扣减其当年实际应缴纳的营业税、城市维护建设税、教育费附加和个人所得税。对高校毕业生创办的小型微利企业，按国家规定享受相关税收支持政策。

大学毕业生新办咨询业、信息业、技术服务业的企业或经营单位，经税务部门批准，免征企业所得税两年；新办从事交通运输、邮电通讯的企业或经营单位，经税务部门批准，第一年免征企业所得税，第二年减半征收企业所得税；新办从事公用事业、商业、物资业、对外贸易业、旅游业、物流业、仓储业、居民服务业、饮食业、教育文化事业、卫生事业的企业或经营单位，经税务部门批准，免征企业所得税一年。

小爱： 其实，我想在校园内创建一个"书来书往"旧书回收站，但是苦于无法获得第一笔启动资金，我想请安老师介绍一下小额担保贷款和贴息等其他的支持政策。

安老师： 好的。按照《国务院关于进一步做好普通高等学校毕业生就业工作的通知》《国务院办公厅转发人力资源社会保障部等部门关于促进以创业带动就业工作指导意见的通知》等文件规定，高校毕业生自主创业的小额担保贷款和贴息支持政策是：对符合条件的高校毕业生自主创业的，可在创业地按规定申请小额担保贷款；从事微利项目的，可享受不超过10万元贷款额度的财政贴息扶持。对合伙经营和组织起来就业的，可根据实际需要适当提高贷款额度。

小额担保贷款及贴息政策。高校毕业生自主创业，可在创业地申请小额担保贷款；从事微利项目的，可享受不超过10万元贷款额度的财政贴息扶持。这一政策一方面明确了高校毕业生可以在创业地申请贷款，同时还将贷款额度提高到10万元（以前最多只能贷款5万元），并明确从事微利项目的，中央财政给予全额贴息，有利于引导和促进更多高校毕业生创业。

除此之外，高校毕业生自主创业还可以享受很多免收费的政策。按照文件规定，高校毕业生自主创业的，免收有关行政事业性收费：毕业2年以内的普通高校毕业生从事个体经营（除国家限制的行业外）的，自其在工商部门首次注册登记之日起3年内，免收管理类、登记类和证照类等有关行政事业性收费。

大学毕业生在毕业后两年内自主创业，到创业实体所在地的工商部门办理营业执照，注册资金（本）在50万元以下的，允许分期到位；首期到位资金不低于注册资本的10%（出资额不低于3万元），1年内实缴注册资本追加到50%以上的，余款可在3年内分期到位。

各国有商业银行、股份制银行、城市商业银行和有条件的城市信用社要为自主创业的毕业生提供小额贷款，并简化程序，提供开户和结算便利，贷款额度在2万元左右。贷款期限最长为两年，到期确定需延长的，可申请延期一次。贷款利息按照中国人民银行公布的贷款利率确定，担保最高限额为担保基金的5倍，期限与贷款期限相同。

政府人事行政部门所属的人才中介服务机构，免费为自主创业毕业生保管人事档案（包括代办社保、职称、档案工资等有关手续）2年；提供免费查询人才、劳动力供求信息，免费发布招聘广告等服务；适当减免参加人才集市或人才劳务交流活动收费；为创办企业的员工提供一次培训、测评服务。

第四节　大众创业，万众创新

【案例41】很多人感叹于新东方的成功，羡慕阿里巴巴的地位，惊讶小米的爆发力，但很少有人意识到，如果背后没有创业团队无论是高峰还是低谷的不离不弃，很难想象企业会有现在的辉煌。创业初期组建合伙人团队是非常关键的，创始人不可能大规模采用人才筛选的方式去找合伙人，面对茫茫人海最困惑的就是去哪里找合伙人。

众所周知，阿里巴巴的成功离不开18个合伙人组成的团队，也就是著名的十八罗汉，分析十八罗汉与马云的关系可以看出，除5名合伙人不能确定和马云的关系外，其他合伙人与马云分别是夫妻、同事的亲人、朋友、校友、师生、合作伙伴等亲密的关系。马云的人格魅力和事业愿景凝聚了身边有密切关系的优秀人才，在阿里巴巴艰难的创业阶段，基于亲密关系的高度稳定的合伙人团队使阿里巴巴渡过难关、突破重围，终于造就了阿里巴巴的辉煌。

腾讯的5位创始人最主要的关系是同学和同事，其中马化腾、张志东、许晨晔和陈一丹是从中学到大学的校友，前三位都是深圳大学计算机系的同学，而曾李青则是马化腾姐姐的同事，也是许晨晔的同事。马化腾认为，这样的关系心态上会好很多，可以相互吵架后不记仇，更容易相互理解、沟通。腾讯的这种基于同学和朋友关系的合伙人团队，分工明确、各有所长、相互信任、价值观一致，较易形成比较好的创业合伙人团队。

图7-4 大众创业，万众创新

安老师：并不是所有的同学、同事、同志（好友）都可以做合伙人，但是通过同学、同事、同志（好友）、同行的关系网寻找合伙人的方式是最可靠、最高效的方式之一。

小志：方向比努力更重要，但选对方向是一件不容易的事情。安老师能否跟我们说说如何确立一个比较好的创业项目呢？确立创业项目的关键又是什么？

安老师：好的。我们都知道创业项目是成功创办企业的关键要素，没有一个具体并切实可行的创业项目，创业者就没有创建企业的前提基础。所以选择一个具有市场价值、适合自身条件和资源的创业项目是在创建企业前的核心工作。

确立创业项目是指创业者通过自身素质、专长以及创业团队综合能力、创业资源、市场商机、创业环境等综合评估后，确立的以某种商业模式满足顾客需要的创业项目的过程。

选择和确定创业项目的关键前提是，通过市场调研对市场和行业进行充分了解。创业者所做的市场调研主要要实现两个目的：一是对于那些还没有具体创业项目和企业构想的创业者而言，可以通过市场调研发现、识别具有市场价值并且适合自己的创业项目；二是对于那些已经有了创业倾向或某些具体创业项目的创业者而言，主要是对你创办的企业所在行业、地域以及目标市场进行调查和分析，以确定其市场价值和可操作性。

市场调研是一个由不同步骤、不同活动构成的有目的的连续过程，各项活动在功能上相互联系、相互衔接，共同构成一个调研整体。在操作层面上，一般可以分为五个步骤：①确定问题与目标；②拟定调研计划；③收集信息；

④整理分析信息；⑤形成调研结果。

市场调研的主要内容应该包括以下几方面：①拟创业地区的人口数量、区域划分、收入状况、经济来源、性别年龄比例等；②拟创业地区的主要竞争对手的情况，包括其营销模式及特色、优劣势等情况；③拟创业地区的某类产品或服务的情况，包括品牌、质量、价格、包装、服务和消费者认可情况等；④目标消费群体的消费习惯、心理特征、购买决定过程等；⑤拟创业地区的销售渠道；⑥拟创业地区政府部门出台的各项优惠政策；⑦拟创业地区的广告媒体及投放成本等情况。

小爱：创业，是一个人单枪匹马、艰苦奋斗好，还是寻找一些志同道合的合伙人一起合作、共同发展好呢？

安老师：小志这个问题就涉及创业团队的问题了。实践证明，无论是传统的制造业，还是现代的高新技术产业，由创业团队创业的企业数量远超过由个人创业的企业数量。特别是在当前高速发展的高新技术产业和互联网企业中，创业所需要的能力涵盖管理、技术、营销、财务等多个方面，远不是单个创业者个人能力所能及的。因此，为了成功创办企业，并使企业健康成长，创业团队的组建和管理就显得非常重要了。

简单地说，创业团队是指在创业初期，由若干才能互补、责任共担、愿为共同的创业目标而奋斗，对新创业有共同承诺的人所组成的创业群体。创业团队应该具备以下特征：拥有共同的任务和目标，共同承担风险与责任，团队成员在知识、技能等方面有互补性，角色和分工不同、相互信任配合；对创业团队的事务尽心尽力，有计划地推动实施。创业团队大体上可以分为三种类型：星状创业团队、网状创业团队和虚拟星状创业团队。

组建创业团队共同创业的好处之一，是可以分散创业失败的风险和压力，通过创业团队成员之间的资源整合和技能互补，可以提高应对创业中不确定因素的能力，还可以在创业资金等资源的获得方面拥有更多的机会，提高创业的成功率。组建创业团队，要考虑创业团队的凝聚力、合作精神、立足长远目标的敬业精神，还要考虑成员之间的互补、协调以及创业成员之间的补充与平衡，降低企业管理风险，提高企业管理水平。

创建团队的组建步骤并不完全相同，不同创业项目所要求的创业团队有一定差异，通常包括五个步骤：①明确人员需求；②招募合适的人员；③确定职权分工；④构建制度体系；⑤建立内部融合机制。

小志：创业者选定项目、组建了团队、筹集了启动资金、进行了市场调研和分析，如何进行商业模式验证，制定出一份切实可行的创业计划书呢？

安老师：创业计划书是企业或项目指导运营、寻求合作、开展融资的必备工具，不仅可以帮助创业者提炼和梳理创业思路、分析市场和用户、找到合适的定位和切入点、明确产品的逻辑和业务走向、规划发展路径、搭建团队、定制资金规划等，而且是创业者进行融资的"敲门砖"。一份内容详实的创业计划书，就好比一份业务发展的指示图，会时刻提醒创业者应该注意什么，规避什么，并最大限度地帮助创业者获得来自外界的帮助。因此，创业计划书有非常重要的作用。

创业计划书的内容一般包括摘要、正文、附录三大部分。摘要列在计划书的前面，它浓缩了创业计划书的精华；正文是创业计划书最核心的部分，主要包括进行产品、服务介绍，人员组织，营销策略，市场预测，财务规划等说明；附录在创业计划书的最后，包括补充说明、附表等其他相关资料。

创业计划书的撰写流程一般分为三个阶段。第一阶段是创业计划构思具体化，要对开创的事业进行细致的思考并细化构思，确定时间进度和工作进程；第二阶段是市场调查和建立顾客联系，不仅调查顾客的需求，还需要收集竞争对手的信息；第三阶段是创业计划文档制作，一般要求主题鲜明、结构合理、内容充实、重点突出、论据充分、论证严谨、方法科学、分析规范、文字流畅、表述准确、排版美观、装帧整齐。

创业计划书的撰写要点：①摘要。摘要需涵盖计划书的要点，一般包括：公司介绍、管理者及其组织、主要产品及业务范围、营销策略、生产管理计划、销售计划、投资融资计划等，做到一目了然，以便读者在最短时间内对计划书进行评审和判断。②企业基本情况。主要包含企业理念、项目概况、创业者个人与团队情况、市场评估、竞争分析、营销计划、财务与风险分析、企业的现状和未来企业的发展计划等。③附录。在不影响计划书主体部分的情况下，向读者提供一些补充信息，如市场调研分析报告、相关知识产权和专利等。

小爱：开办企业是不是只要办理"三证合一"的注册登记呢？除此之外，还有哪些必要的准备工作呢？

安老师：确实如此，仅仅办理"三证合一"的注册登记肯定是远远不够的。企业正式开始营业之前还需要做很多工作。比如，了解企业命名的原则和基本方法，了解企业标志设计的要素和原则，掌握企业选址的方法，掌握企业登记注册的基本流程，学会做好企业开业前的各项准备工作。

企业登记注册的一般流程是：①企业名称登记；②编写公司章程、股东协议；③前置审批；④办理"三证合一"证件；⑤开设银行账户（个体工商户不含此步骤）；⑥社会保障、劳动关系信息申报。除此之外，企业开业之前还需要进行项目考察、装修与设备采购、员工招聘、申报有关证照、开业典礼准备工作、公司内部试运行、管理规章制度的制定等。

小志：新创办的企业，很多方面都是从零起步，需要不断建设、开发和完善。安老师能否简单谈谈初创企业的生产管理？

安老师：初创企业往往会面临的问题是：一是产品不完善，表现为产品结构品种单一，产品功能不齐全，产品质量也不够稳定，需要在初创期不断改进；二是生产型企业生产效率低下，不能把生产活动中各项生产要素有机地组织起来；三是不能有效控制成本，造成企业产品价格没有优势，缺乏市场竞争力等。

产品开发创新，是开拓、创新市场的金钥匙，是满足市场需要和适应市场变化的最佳策略。企业只有不断用新产品代替老产品，使自己的产品总处于最佳竞争状态，才能适应市场的需要。新产品开发是实现市场进入最基本和最关键的一步。一个完整的新产品开发过程通常要经历8个阶段：构思形成—构思筛选—概念的形成与测试—市场营销战略设计—商品分析—产品开发—产品试销—正式上市。

产品质量是企业发展的生命线，是增强企业竞争力的支柱和关键，是经济效益的基础。以质量开拓市场，以质量引领市场，已经成为初创企业获取竞争力的行为准则。因此，增强质量意识，坚持质量第一，严格质量管理与控制，稳定和提高产品质量，更好地满足社会和市场需求，是企业生产与发展的迫切需求。提高产品质量的过程也是全面提高企业素质的过程，必须坚持以顾客为中心、坚持技术创新与时俱进、坚持管理与服务持续改进的方法，追求现代企业一流的质量与创新市场的永恒力量。

小爱：有的企业在其成长初期能够快速发展壮大，但在经历了一定的发展阶段之后，却迅速走向衰落。那么，企业的发展会经历哪几个阶段，创业者该如何保持一个初创企业的可持续发展呢？

安老师：世界上任何事物的发展都存在生命周期，企业也不例外。企业生命周期包括企业初创期、扩张期、成熟期、整合期和蜕变期。企业生命周期如同一双无形的巨手，始终左右着企业发展的轨迹。

（1）初创阶段：实力较弱，依赖性强，资源匮乏，需要各方面扶持；产品方向不稳定，转业率高，破产率高，创新精神强，管理不规范，管理水平低，财务方面表现为净现金流量为负值。

（2）扩张阶段：企业由生存转向争夺发展机会和资源，有较强的活力和发展实力，发展速度快、波动小；企业资金、人员数量、技术水平等方面有显著提高；形成自己的主导产品，企业专业化水平较高。

（3）成熟阶段：经过扩展后的发展阶段，由外延式发展转为内涵式发展，由粗放经营转为集约经营，企业发展速度减缓，企业收益持续平稳或上升，企业管理正规化、科学化成为迫切需要解决的问题，有一定的产品知名度，形成产品特色或品牌，形成企业经营的理念、文化或精神。

（4）整合阶段：经营业务逐步向多样化方向发展，多个层面业务相互协调发展；逐渐向集团化方向发展，经营单位日益增多；最大限度地创造企业价值将成为股东和利益相关者对企业的要求。

（5）蜕变阶段：企业进入蜕变阶段，存在两种前途：其一是衰亡，由企业集体老化而引起；其二是复苏，企业复苏是改变了形体而继续存活下去。

企业的可持续发展需要正确认识企业成长过程中面临的挑战与机遇，培育企业核心竞争力，建立战略管理意识，提高战略管理能力，不断提高技术创新能力，不断提高人力资源管理效能，不断固化企业发展文化与企业精神，肩负企业社会责任，坚定不移走企业可持续发展道路。

参考文献

［1］阿尔弗雷德·阿德勒.生命对你意味着什么［M］.周朗,译.北京:国际文化出版公司,2000.

［2］安徽省人力资源和社会保障厅,安徽省就业促进会.创业实训(学员版)［M］.北京:中国劳动社会保障出版社,2016.

［3］柴林林.高校新资助体系下的诚信问题研究［D］.郑州:郑州大学,2013.

［4］陈光复.大学生创业教育［M］.北京:现代教育出版社,2011.

［5］陈萍楠.大学生诚信现状及对策研究［D］.锦州:渤海大学,2017.

［6］陈远宏.高校贫困生精神贫困教育救助管理对策研究［D］.泉州:华侨大学,2013.

［7］程社明.你的船　你的海:职业生涯规划［M］.北京:新华出版社,2007.

［8］丁毅.大学生感恩教育研究［D］.长沙:湖南大学,2016.

［9］樊富珉,费俊峰.大学生心理健康十六讲［M］.北京:高等教育出版社,2013.

［10］郭广生.我和创业有个约会:大学生创业教育理论与实践［M］.北京:中国轻工业出版社,2010.

［11］桂爱民.大学生入学教育［M］.北京:北京邮电大学出版社,2014.

［12］韩国文.创业学［M］.武汉:武汉大学出版社,2007.

［13］何安秀.论感恩教育在大学生德育中的作用［D］.南昌:南昌航空大学,2015.

［14］胡虹霞.高校德育应补上感恩教育这一课［J］.北京教育(高教版),2005(5):12-14.

[15] 华宪成. 知诚讲信：诚信读本[M]. 天津：天津大学出版社，2013.

[16] 黄蓉生. 大学生诚信读本[M]. 南京：江苏人民出版社，2014.

[17] 李炳银. 安徽省资助育人优秀论文选编（第一辑）[M]. 合肥：合肥工业大学出版社，2015.

[18] 李肖鸣，朱建新. 大学生创业基础[M]. 2版. 北京：清华大学出版社，2013.

[19] 李晓东. 大学生人际交往能力现状的实证分析[J]. 四川理工学院学报（社会科学版），2012，27（1）：101-105.

[20] 理查德·格里格，菲利普·津巴多. 心理学与生活[M]. 王垒，等译. 北京：人民邮电大学出版社，2003.

[21] 梁国平，胥海军，杨驰，等. 高校资助育人的探索与实践[M]. 成都：西南交通大学出版社，2015.

[22] 梁英豪，周莉. 大学生人际交往、幽默感与适应的关系[J]. 乐山师范学院学报，2018，33（12）：102-105.

[23] 刘保延，何丽云，谢雁鸣. 亚健康状态的概念研究[J]. 中国中医基础医学杂志，2006（11）：801-802.

[24] 刘芳，董华明，李听. 大学生职业生涯与发展规划[M]. 西安：西北工业大学出版社，2015.

[25] 刘峰. 论高校贫困生自强自立精神的培育：以邵阳学院为个案研究[D]. 长沙：中南大学，2010.

[26] 刘俊贤，白雪杰. 大学生职业规划、就业指导与创业教育[M]. 北京：清华大学出版社，2015.

[27] 刘婷婷. "90后"大学生感恩教育研究[D]. 锦州：渤海大学，2014.

[28] 刘亦工. 论励志自强的内涵[J]. 中南林业科技大学学报（社会科学版），2011（5）：10-11.

[29] 刘镇江，刘振中，蒋福明. 高校贫困大学生感恩教育探讨[J]. 南华大学学报（社会科学版），2010（1）：79-82.

[30] 庐岩. 大学生，请学会感恩[J]. 中国高等教育，2007（20）：1.

[31] 路丙辉. 名师访谈录：告别成长的迷茫[M]. 芜湖：安徽师范大学出版社，2016.

［32］罗道全.大学生感恩意识的现状、问题及教育对策［J］.求实,2012（1）:215-217.

［33］罗琪.当代大学生消费观问题研究:以杭州大学生为例［D］.杭州:浙江理工大学,2017.

［34］马文勇,尉耀元,张建超.浅谈大学生节约意识和节约能力的培养［J］.理论观察,2012（3）:191-192.

［35］美国精神医学学会.精神障碍诊断与统计手册［M］.张道龙,等译.5版.北京:北京大学出版社,2014.

［36］门兆红.浅谈高校的感恩教育［J］.教育探索,2011（9）:130-131.

［37］彭聃龄.普通心理学（修订版）［M］.3版.北京:北京师范大学出版社,2004.

［38］蒲清平,李华.大学生感恩教育理论与实践研究［M］.重庆:重庆大学出版社,2015.

［39］人力资源和社会保障部职业能力建设司.创办你的企业:创业计划培训册［M］.北京:中国劳动社会保障出版社,2017.

［40］阮奕光.大学生职业生涯规划与就业指导［M］.北京:现代教育出版社,2013.

［41］沈红.中国高校学生资助的理论与实践:1997—2016［M］.北京:中国社会科学出版社,2016.

［42］孙彩平.教育起源于人的道德:一种新的伦理视角［J］.江苏教育学院学报（社会科学版）,2003,19（2）:28-31.

［43］台启权,陶金花.大学生心理健康教程［M］.南京:南京大学出版社,2012.

［44］唐湘岳,纪富贵.为何助学老人梦难圆?［N］.光明日报,2011-11-09（6）.

［45］陶志琼.关于感恩教育的几个问题的探讨［J］.教育科学,2004,20（4）:9-12.

［46］滕静.当代大学生诚信教育问题研究［D］.太原:山西财经大学,2013.

［47］王成富.高校资助视域下贫困生诚信问题研究:以陕西学前师范学院为例［D］.西安:长安大学,2015.

[48] 王静.当代西方社会思潮对大学生价值观的影响及对策研究[D].石家庄:河北师范大学,2015.

[49] 王世忠.大学生资助政策执行效果评估研究[M].北京:中国社会科学出版社,2014.

[50] 王雪寒.当代大学生励志教育研究:以上海部分高校为例[D].上海:华东师范大学,2017.

[51] 谢宝国,赵一君,杨光萍.大学生涯规划与职业发展[M].北京:教育科学出版社,2016.

[52] 徐辉.大学生职业生涯规划与就业指导[M].南京:河海大学出版社,2008.

[53] 许军,冯丽仪,罗仁,等.亚健康评定量表的信度效度研究[J].南方医科大学学报,2011(1):33-38.

[54] 许玫.大学生职业生涯规划[M].北京:中国青年出版社,2009.

[55] 杨庆实.中国高校学生资助政策体系理论与实践研究[M].北京:中国社会科学出版社,2017.

[56] 杨聿敏.高职生职业生涯规划与创新创业基础[M].北京:中国铁道出版社,2017.

[57] 于静荣.大学生职业生涯规划[M].北京:北京交通大学出版社,2012.

[58] 于中华.浅论当代大学生勤俭节约意识的培养[J].辽宁省社会主义学院学报,2013(2):84-86.

[59] 俞美丽.大学生诚信教育问题与对策研究:以甘肃省GS大学为例[D].兰州:兰州交通大学,2013.

[60] 张桂香,包惠珍,梁凤华,等.大学生职业生涯与发展规划[M].上海:复旦大学出版社,2015.

[61] 张耀灿.成才不是梦:高校贫困生的今天与未来[M].北京:人民出版社,2005.

[62] 张子睿.创新与创业[M].北京:新华出版社,2018.

[63] 赵北平,李冬梅.大学生职业生涯规划教程[M].3版.武汉:武汉理工大学出版社,2011.

[64] 赵北平,魏超,刘喆.大学生就业指导[M].3版.武汉:武汉理工大学出

版社,2011.

[65] 赵冰梅.李作学.大学生职业发展与就业指导实用教程[M].2 版.北京:航空工业出版社,2015.

[66] 赵博.贫困大学生励志教育研究[D].哈尔滨:东北林业大学,2010.

[67] 赵婧怡.大学生自立自强精神的培育[D].成都:四川师范大学,2013.

[68] 中华人民共和国教育部高等教育司.高等学校创业教育经验汇编[M].北京:高等教育出版社,2011.

[69] 钟谷兰,杨开.大学生职业生涯发展与规划[M].上海:华东师范大学出版社,2008.

[70] 周方遒.大学生思想政治教育理论与实践研究[M].沈阳:辽宁大学出版社,2009.

[71] 朱飞,李萍.基于资助平台的高校贫困生感恩教育实践路径探析[J].思想教育研究,2009(11):94-96.